희망이 청춘에게 답하다

꿈꾸는 청춘들에게 보내는 희망편지 114

희망이 청춘에게 답하다

- -

초판 1쇄 펴낸날_2011년 06월 30일
지은이_이신화

펴낸이_임동건
펴낸곳_도서출판 화담
등록번호_제300-2006-23호
주소_서울특별시 성북구 동선동5가 20번지 3층
전화_070 4402 3530
팩스_02 374 3532
E-mail : haneulbook@naver.com
도서출판 화담은 도서출판 하늘아래의 임프린트입니다

ISBN 978-89-87835-64-8 13190

잘못 만들어진 책은 바꾸어 드립니다.

희망이 청춘에게 답하다

꿈꾸는 청춘들에게 보내는 희망편지 114

이신화 지음

꿈꾸는 청춘에게 보내는 희망편지

가장 용맹스럽고 사냥 실력이 뛰어난 호랑이가 다른 동물을 공격하여 먹이를 구하는 데 있어서 사냥 성공률은 5%를 넘지 못한다. 동물 중에서 가장 뛰어난 사냥꾼인 호랑이도 최선을 다하지만 결국 95%의 실패를 한다. 그러나 호랑이는 95%의 실패에도 불구하고 5%의 성공에 의해 동물의 제왕이 된다.

그는 714개의 홈런을 날렸다. 그러나 자신이 친 홈런의 두 배 정도가 되는 1,330번의 스트라이크 아웃을 당했다. 미국의 신화적 홈런타자인 베이브 루스의 기록표이다. 그는 홈런 숫자보다도 훨씬 많은 스트라이크 아웃을 당했다. 그러나 우리는 그를 홈런왕으로 기억한다. 그는 1,330번의 실패를 딛고 714개의 홈런을 쳐 신화적인 홈런타자가 되었다.

미국의 로버트 리프레이가 쓴 『믿거나 말거나』라는 책에 이런 글이 있다.

　'고물상에 팔면 3천 원 받을 쇳덩이를 말 편자를 만들면 3만 원, 섬세한 바늘로 만들면 30만 원, 날카로운 면도날을 만들면 300만 원, 시계의 스프링을 만들면 무려 3억 원이나 된다.'

　같은 재료를 가지고도 3천 원 어치의 가치를 지니게 되는가 하면 3억 원 어치의 가치를 지니게도 된다. 사람들의 삶도 마찬가지다. 다른 사람들과 같은 재료를 가지고 있더라도, 자신이 어떻게 하느냐에 따라 자신의 삶을 3천 원 짜리로 만들 수도 있고 3억 원 짜리로 만들 수도 있는 것이다.

　삶에 있어서 가장 중요한 것은, 지금의 자신의 생각이나 행동을 바꾼다면 훨씬 값진 삶을 살 수 있다는 것을 깨닫는 것이다.

　자신의 삶을 가치 있게 만들려면, 먼저 내가 누구이며, 현재 무엇을 하고 있는가에 대해 정확하게 알아야 한다. 자신이 자신을 알 수 없을 때 삶은 엉망이 되고 결국 불행해질 수밖에 없다.

그리고 자신을 정확하게 알게 되었다면, 그것을 바탕으로 자신이 원하는 것에 도전해야 한다. 실패를 두려워하지 마라. 호랑이의 사냥 성공률은 5%이고 베이브 루스도 무수한 실패를 했다. 실패를 딛고 다시 서려는 자세가 중요한 것이다.

이제 더 이상 삶의 문턱에서 주저하지 마라!

자신의 삶을 고양이로 만드느냐 호랑이로 만드느냐,

자신의 삶을 이름도 없는 무명타자로 만드느냐 신화적인 홈런타자로 만드느냐,

자신의 삶을 3천 원으로 만드느냐 3억 원으로 만드느냐는 오로지 자신에게 달려 있다.

1. 결단 앞에서 주저하지 마라
오늘 망설이고 있다면
내일도 망설이고 있을 것이다

ton, D.C.,
WA JAN 6
5 PM
1919
D.C.
3 CEN

001
광대의 말이라 하여 허투루 듣지 마라
너무 지나치게 몰입하면
다른 이면을 볼 수 없다

다른 사람의 말을 신중하게 듣는 습관을 길러라. 그리고 될 수 있는 한, 말

하는 사람의 마음속으로 빠져들도록 하라.

－아우렐리우스

한 서커스단의 공연이 절정에 이르렀을 때다. 서커스단 한쪽의 비품창고

에서 불이 났다. 이를 본 광대가 무대 위에 올라가 외쳤다.

"여러분! 지금 서커스단에 불이 났습니다. 위험하니 밖으로 빨리 피해주

십시오."

당황한 몸짓을 하며 큰소리로 외쳤다. 그런데 어찌 된 영문인지 관객들은

깔깔대고 웃으며 나갈 생각을 하지 않았다. 다급해진 광대가 눈물을 흘리

며 호소했지만 사람들의 웃음소리만 더욱 커질 뿐이었다. 결국 불길은 서

커스 공연장으로 옮겨 붙었고 그곳에 있던 모든 사람들이 불길에 휩싸이

게 되었다.

1. 결단 앞에서 주저하지 마라

상황에 따라서는 광대의 말도 진지하게 들을 줄 알아야 한다.

너무 지나치게 상황에 몰입하여 광대의 위험경고를 들을 수 없었기에, 사람들은 미리 대피하지 못하고 불길에 휩싸이는 위험을 겪게 되었다.

우리들의 삶에서도 이런 경우가 종종 발생한다. 다른 많은 사람들의 경고에도 불구하고 대다수의 사람들은 그 말을 무시하고 듣지 않는다. 그래서 자기 스스로 위험에 빠지게 된다.

다른 사람의 말을 진지하게 들을 수 있어야 한다. 상황에 따라서는 광대의 말도 진지하게 들어야 한다. 광대라고 해서 늘 사람들을 웃기는 말만 하는 것은 아니다.

자신의 삶을 위험에 빠뜨리지 않으려면 다른 사람의 말을 선입관이나 편견을 가지고 단정하기 전에 한번쯤 진지하게 생각해 보는 습관이 필요하다.

002

작은 것만 담는 사람이 되지 마라

너무 작은 것만 생각하면
그 사람도 결국 작아지게 된다

우리들의 깊은 마음속에는 강력한 힘이 있다. 그 힘은 우리들이 의식하는 마음과는 별개의 것으로, 끊임없이 활동을 계속하면서 사고와 감정과 행동의 근원이 된다.

-프로이트

한 철학과 교수가 학생들에게 이렇게 말했다.

"자, 퀴즈를 하나 내겠습니다."

그는 커다란 항아리를 테이블 위에 올려 놓고 주먹만한 돌을 꺼내 항아리 속에 하나씩 넣기 시작했다. 항아리에 돌이 가득 차자 그는 물었다.

"이 항아리가 가득 찼습니까?"

학생들이 이구동성으로 대답했다.

"예"

그러자 그는 되물었다.

"정말?"

그는 테이블 밑에서 조그마한 자갈을 한 움큼 꺼내 들었다. 그리고는 항아리에 집어 넣고 깊숙하게 들어갈 수 있도록 항아리를 흔들었다. 주먹만한 돌 사이에 조그마한 자갈이 가득 차자 그는 다시 물었다.

"이 항아리가 가득 찼습니까?"

눈이 동그래진 학생들은 자신 있게 대답하지 못했다.

"글쎄요."

그는 "좋습니다." 하더니 다시 테이블 밑에서 모래 주머니를 꺼냈다. 모래를 항아리에 넣어 주먹만한 돌과 자갈 사이의 빈 틈을 가득 채운 후 다시 물었다.

"이 항아리가 가득 찼습니까?"

학생들은 대답했다.

"아니오."

"그렇습니다."

그는 물을 한 주전자 꺼내 항아리에 부었다. 그리고는 학생들에게 물었다.

"이 실험의 의미가 무엇이겠습니까?"

한 학생이 손을 들더니 대답했다.

"매우 바빠서 스케줄이 가득 찼더라도, 정말 노력하면 새로운 일을 그 사이에 추가할 수 있다는 것입니다."

"아닙니다."

철학과 교수는 고개를 저었다.

"그것은 요점이 아닙니다. 이 실험에서 말해주고 싶은 것은, 만약 큰 돌을 먼저 넣지 않으면 영원히 큰 돌을 넣지 못한다는 것입니다."

자신의 마음에 큰 뜻을 가지고 있어야 한다. 자신의 마음에 자잘한 것들만 먼저 채운다면 큰 것이 들어갈 자리는 없게 된다. 그러나 큰 것을 먼저 담는다면 그 빈 틈 사이로 여러 가지를 넣을 수 있어 많은 양을 넣을 수 있다.

작은 것만 생각하면 사람도 작아진다. 마음에 큰 뜻을 품고 큰 것을 생각할 수 있을 때, 비로소 성숙해진다.

어떤 업적을 이루는 삶을 살고 싶고, 좀 더 뜻있는 일을 하면서 살고 싶다면 먼저 마음속에 큰 뜻을 넣어야 한다.

on, D.C.,

JAN 6
5 PM
1919
D.C.

3 CENTS

003

어려운 상황에 처했어도 실망하지 마라

어려운 상황에 처했을 때가
자신을 변화시킬 기회다

뜨거운 가마 속에서 구워낸 도자기는 결코 빛깔이 바래는 일이 없다. 이와
마찬가지로 고난의 아픔에 단련된 사람의 인격은 영원히 변하지 않는다.
안락은 악마를 만들고 고난은 사람을 만드는 법이다.

-쿠노 피셔

오래 전 나는 차 주전자였지요. 긴 주둥이와 넓은 손잡이가 아주 우아했
답니다. 아무 맛 없는 찻잎을 따뜻한 물 속에 우려내 향기 좋은 차로 만
드는 나의 재주를 모두들 부러워했지요. 그런데 어느 날 주인이 실수로
그만 나를 땅에 떨어뜨리고 말았어요. 뚜껑이 깨져 쓸모없어진 나를 주인
은 뒷마당에 버렸답니다. 나는 모든 희망을 잃었지요.

그때 키 작은 한 소녀가 쓸쓸하게 뒹굴고 있는 나에게 다가왔어요. 소녀
는 한동안 나를 들여다보더니 내 몸에 흙을 가득 채우는 것이 아니겠어
요? 처음엔 나를 묻어버리는 줄 알고 깜짝 놀랐지요. 그런데 소녀는 까만

씨앗을 흙 속에 함께 넣어 주었어요. 얼마 뒤 내 몸 안에는 작고 싱싱한 뿌리가 퍼지기 시작했어요. 마치 맥박이 고동치는 것 같았지요. 그 뿌리가 싹을 틔우고 무럭무럭 자라더니 예쁜 꽃망울을 터뜨렸어요.

그러던 어느 날 새 주인이 내 귀에 대고 속삭였어요.

"미안하다. 이 꽃을 더 크고 좋은 화분에 옮겨 심어야겠구나."

나는 또 다시 마당에 버려지는 신세가 되었지요. 하지만 이젠 슬프지 않아요. 이것이 또 다른 멋진 삶으로 가기 위한 과정이란 걸 잘 알기 때문이죠. 처음에는 흙이었고, 차 주전자였고, 화분이었고…… 다음엔 또 뭘까요?

─오래 전에 어떤 인터넷 사이트에서 본 글이다. 좋은 글이라 메모를 해두었다가 다시 게재하였다.

사람들은 신분이 낮은 곳으로 떨어지면 참으로 괴로워하거나 자신을 망치게 하는 경우가 많다.

그러나 자신에게 이런 경우가 찾아온다면 그것은 이제 자신을 변화시킬 때가 되었다는 것이다. 그리고 그것은 자신에게 기회로 작용해 자신을 크게 변화시키기도 한다. 어려운 상황에 처하게 되었다고 실망할 필요는 없다. 오히려 그 상황을 어떻게 타개해 나가고 어떻게 활용할 것인가를 생각해야 한다. 이런 마음가짐이라면 어떤 어려운 상황에 처해도 이를 능히 이겨낼 수 있다.

004
삶을 싸구려로 만들지 마라

오늘의 어려움 때문에
내일을 싼값에 팔지 마라

누구나 큰 시련을 당하기 전에는 진정으로 참다운 인간이 되지 못한다. 그 시련을 통해서 자신의 존재를 인식하고, 동시에 자신의 위치를 결정하고 규정하는 계기가 된다. 즉 그의 운명이나 지위가 이때 결정된다. 따라서 커다란 시련을 겪기 전에는 누구나 어린아이에 지나지 않는다.

－레오파르디

화가인 밀레는 아내를 잃고 재혼을 했다. 그는 아버지가 되었으나 생활은 더욱 악화되었고 굶는 날이 생길 정도로 비참한 생활을 하게 되었다. 그는 비참한 생활을 면하기 위해 그림을 파는 사람의 요구로 누드화를 그리게 되었다. 그의 누드화는 잘 팔렸다. 이제 그는 굶지 않았고 가족들과 외식을 할 수도 있게 되었다.

어느 날 밀레는 자신의 그림이 전시된 전시장에 가게 되었다. 그는 자신의 그림 앞에서 두 청년이 나누는 말을 우연하게 들을 수 있었다.

"저 목욕하는 여자를 보게. 저 정도로 그린 것을 보면 그림 실력은 있는 화가인 것 같은데, 누가 그린 것일까?"

"아, 저 놈. 밀레라는 놈이야. 그 놈은 벌거벗은 여자가 아니면 그리질 않는다는구만."

밀레는 얼굴이 벌겋게 달아오르면서 심한 충격을 받았다. 그는 수치심을 느끼며 서둘러 집으로 돌아왔다. 그리곤 아내에게 단호하게 말했다.

"당신이 고통을 참아 줄 수만 있다면 이제부터라도 단순히 호구지책 때문에 누드화를 그리지는 않겠소. 내가 꿈꾸던 일하는 농부를 그리고 싶소."

밀레의 아내는 그의 결의에 찬 말을 듣고 그 뜻을 이해해주었다. 당장의 어려움 때문에 그의 재능을 누드화를 그리는 것으로 소진시키고 싶지 않았다.

"좋아요. 생활이 다시 어려워지더라도 당신이 그리고 싶은 그림을 그리세요."

아내는 좋다고 했다. 그래서 그는 그림을 그려 주는 조건으로 미리 받은 돈을 가지고 농촌으로 이사를 했다. 그는 조그만 농가를 얻어 헛간을 화실로 만들고, 도시에서 신던 구두를 버리고 농부가 되었다. 그는 심혈을 기울여 작업에 매진했다. 그는 만종을 비롯한 많은 작품을 남겼으며 세계

적으로 유명한 화가가 되었다.

만약 밀레가 끼니를 굶는 생활을 두려워하고 안락한 생활을 버리기를 거부했다면 아마도 후세의 사람들에게 이름을 남기기 어려웠을 것이다. 자신의 생활이 다시 어려워질지라도 그는 자신이 하고 싶은 일을 선택했다. 그는 자신에게 닥친 힘든 상황을 이겨내고 결국 유명한 화가가 되었다.

사람들은 어떤 일을 하고 싶어도 돈이 없다거나, 생활이 뒤따라 주지 않는다고 말한다. 하지만 그런 식으로 계속 미룬다면 결국 끝까지 자신의 일을 할 수 없게 될 것이다.

어떠한 어려움 속에서도 희망을 버리지 마라

오늘 용기를 가지고 삶에 맞서면
내일은 운명을 의지대로 할 수 있다

아침에 일찍 일어나지 않으면 그 날 일을 다 할 수가 없다. 오늘 일을 오늘 하지 않고 내일로 미루기 시작하면 결국 시대의 물결을 좇지 못하고 뒤떨 어지게 된다. 많은 사람들이 그에게 주어진 기회를 잡지 못함은 오늘 일을 내일로 미루기 때문이다. 봄에 갈지 않으면 가을에 거둘 것이 없다. 사람들 이 늘 새로운 마음으로 진실되고 보람 있는 생활로 들어서려고 결심을 하 고서도 막상 실행하지 못함은 의지가 약한 탓이다. 굳은 의지가 없이는 아 무것도 할 수 없다는 것을 깨달아야 한다. 의지가 약한 것은 인내력이 부 족한 탓이다.

-스마일스

아버지와 아들 목공이 있었다. 그들은 높은 산에서 작업을 하고 있었다. 어느 날 발판이 좋지 않은 곳에서 작업을 하다가 아버지가 미끄러지면서 쓰러지는 나무 밑에 깔려 버렸다. 그 곁에서 함께 일하던 아들이 깜짝 놀

라 아버지에게 달려갔다. 둘만이 작업을 하고 있었기에 그 누구에게도 도움을 청할 수가 없었다. 아들은 순간적으로 온 힘을 다해 나무를 들어올려 아버지를 구했다. 그런 일이 있은 후 어느 날 아들은 그 나무를 다시한번 움직여 보았는데 장정 네 사람이 필요했다고 한다.

사람들의 내면에는 자신이 깨닫지 못하는 힘이 숨겨져 있다. 그 힘은 어떤 계기를 통해 밖으로 표출된다. 그러나 대부분의 사람들은 자신의 내면의 힘을 의식하지도 못하고, 그 힘을 사용해보지도 못한다. 삶을 풍요롭게 살기 위해서는 자신의 내면에 숨겨져 있는 이 힘을 인식하고 그 힘을 사용하기 위해 노력해야 한다.

위기가 닥쳤을 때, 가장 중요한 것은 좌절하거나 포기하지 않는 태도이다. 만약 좌절하거나 포기한다면, 거기에서 모든 것이 끝난다.

당신이 포기하지 않고 용기를 냈을 때 자신의 내면에 숨어 있던 힘을 사용할 수 있고 또한 어려운 상황을 딛고 다시 시작할 수 있게 된다.

006

가능성을 버리지 마라

오늘 가능성을 버리지 않으면 내일엔 희망이 있다

할 수 없다고 생각하고 있는 시간은 사실은 그것을 하기 싫다고 다짐하고 있는 시간이다. 그러므로 아무것도 실행되지 않는다.

–스피노자

사람의 가치는 얼마나 될까? 만약 신체가 가지고 있는 물질적인 계산으로만 따진다면 사람의 가치는 정말 보잘 것 없다. 세숫비누 7장을 만들 수 있을 만큼의 지방과 성냥개비 2천 개를 만들 수 있는 인, 5,000cc 정도의 물과 작은 못 하나를 만들 수 있는 철분 그리고 약간의 벌레를 죽일 수 있을 정도의 황……. 모두 합쳐 1달러 80센트, 이것이 사람의 신체를 구성하는 물질의 값이다.

1달러 80센트, 현재의 가치로 환산해 보더라도 사람의 신체를 구성하고 있는 물질의 가치로만 봤을 때 사람이라는 존재는 참으로 가

치가 없는 것이다. 그러나 사람의 가치를 신체의 가격으로만 산정할
수는 없다.

그러나 사람은 무한한 가능성을 가지고 있고 그 가능성이 사람의
가치를 높여준다. 사람은 가능성을 가지고 있기에 어떻게 마음 먹고
행동하느냐에 따라 그 가치가 달라진다.

만약 자신의 가능성을 인정하지 않고 또한 노력도 하지 않는다면
동물 이상의 가치는 없는 것이다. 자신의 무한한 가능성을 인식하고
그 가능성을 이룩하려고 노력하는 데에 사람의 가치가 있다. 자신의
가능성을 인식하지 못하는 사람은 결국 자신을 실패자로 만들고 만
다.

비록 자신의 환경이 좋지 않다거나 뒷바라지해줄 수 있는 배경이
미약하다 해도 한탄하고 실망할 필요는 없다. 민들레는 아스팔트조차
뚫고서 꽃을 피우고, 연꽃은 진흙탕 속에서도 아름다운 꽃을 피운다.

007

실패를 두려워하지 마라

실패를 두려워하는 마음이
내일의 실패를 불러온다

사람들은 지금과 다른 변화를 두려워하는 잠재의식 때문에 더 발전할 수 있는 새로운 환경 앞으로 나가지 못하고 있다. 그러나 인생은 한 자리에 서 있는 것이 아니고 앞으로 걸어가는 것이다. 남의 힘을 바라지 말고, 자신의 신념을 믿어라. 굳은 신념이 새로운 성공을 보장할 것이다.

－노만 V.필

"제일 훌륭한 사람은 무엇인가를 실행해서 성공한 사람이고, 두 번째로 훌륭한 사람은 무엇인가 실행하다가 실패한 사람이다. 세 번째는 아무것도 안 하고 성공한 사람이고, 네 번째는 아무것도 안 하고 실패한 사람이다."

많은 사람들이 실패를 두려워해 새로운 일에 도전하기를 피한다. 그러나 실패가 두려워 새로운 일에 도전하지 않는다면 더 이상의 발전을 기대할 수 없다.

1. 결단 앞에서 주저하지 마라

아무것도 하지 않으면 실패도 없겠지만 결과적으로는 정체되거나 후퇴하게 돼 실패를 하는 것과 다를 바 없다. 새로운 일을 시도할 때는 실수와 실패가 따르기 마련이다. 그러나 그 실수와 실패를 발판으로 하여 성공의 실마리를 찾을 수 있다면 그의 삶은 성공과 축복으로 가득차게 될 것이다.

중요한 것은 새로운 것에 도전하는 도전정신을 가지고 있어야 한다는 것이다. 그리고 더 중요한 것은 도전하다가 실패를 하더라도 좌절하고 포기하는 것이 아니라 그 실패를 딛고 일어서는 것이다.

008

꿈을 버리지 마라

내일의 삶을 위한다면
오늘 꿈을 버리지 마라

소 발자국에 고인 물에서 헤엄치는 장구벌레는 세상에 넓은 바다가 있다는 것을 꿈에도 생각하지 못할 것이다. 과일의 씨 속에 사는 바늘 같은 작은 벌레는 그곳이 세계의 전부라고 생각할 것이다. 그들에게 막막한 바다를 설명해주고, 우주의 넓이를 설명해주어도 거짓말이라며 믿으려 하지 않을 것이다.

-포박자

가난한 대학생이 있었다. 그는 하던 공부를 더 하고 싶었기에 유학을 가고 싶었다. 그러나 그는 형편이 어려웠다. 그래서 혼자의 힘으로는 유학을 갈 수가 없었다. 그는 기회가 오기를 기다렸지만 유학을 떠날 기회는 좀처럼 다가오지 않았다. 그렇지만 그는 포기하지 않았다.

그러던 어느 날 동남아시아의 작은 나라에 국비로 유학을 떠날 기회가 찾아왔다. 그가 원하던 나라도 아니었고 계속 공부하고 싶어 하는 분야도 아니었다. 그러나 그는 그 기회를 잡았다. 그는 그 작은 나라에서 공부를 하다 외국인 후원자를 만나게 되었다. 후에 그는 그 후원자의 도움으로 자신이 원하던 나라로 유학을 떠날 수 있었다. 그는 자신이 원하는 공부를 계속할 수 있게 되었다.

많은 사람들이 어려움에 처하게 되면 자신의 꿈을 포기하곤 한다. 그러나 일단 자신의 꿈을 포기하면 다시 그 꿈을 꾸기도 어렵거니와 실행은 더더욱 어려워진다.

위에 예를 든 청년은 어려운 상황에서도 꿈을 포기하지 않고, 또한 자신이 원하는 나라가 아니더라도 마다하지 않았다. 만약 동남아시아의 작은 나라에 갈 기회가 왔을 때 자신이 바라지 않던 것이라고 포기했다면 아마도 자신이 원하던 나라에 갈 기회를 마련할 수 없었을 것이다.

꿈을 포기하지 않는 것도 중요하지만, 꿈을 이루기 위한 작은 기회들을 소중하게 여겨야 한다. 시작은 보잘 것 없지만 포기하지 않고 계속 노력하면 반드시 소망하는 길이 열리게 될 것이다.

009

절망에 빠지지 마라

굳은 신념을 가지고 노력하면
어떠한 어려움도 극복할 수 있다

불가능하다고 생각하고 시작하면 결국 불가능해진다.

—워니메이커

한 남자가 있었다. 그는 의사로부터 암이라는 진단을 받았다. 의사는 그의 상태가 너무도 절망적이었기에 치료를 포기했다. 그러나 그는 이 절망적인 진단을 받고도 포기하지 않았다. 그는 반드시 건강을 되찾을 수 있다는 굳은 신념을 가졌다. 그는 건강을 회복하기 위해 노력했다. 결국 그는 의학적으로는 기적이라고 밖에 말할 수 없을 정도로 자신의 건강을 회복했다.

만약 그가 의사의 절망적인 진단에 절망하고 좌절했다면 아마도 의사의 진단처럼 절망적인 상황을 맞았을 것이다. 그러나 그는 건강을 회복할 수 있다는 신념을 가지고 있었다. 그는 그 신념을 바탕으로

피나는 노력을 했고, 결국 의사의 절망적인 진단을 이겨내고 자신의 의지로 건강을 회복했다.

이처럼 어떤 어려운 상황에 있더라도 그 상황을 이길 수 있다는 신념을 가지고 노력하면 그 상황은 극복될 수 있다. 그러나 아무런 노력도 하지 않는다면 틀림없이 어려운 상황에 매몰되어 자신을 망치게 될 것이다.

희박한 가능성일지라도 그 가능성을 믿고 포기하지 않는다면 그 가능성을 현실로 만들 수 있다.

그러나 이 가능성마저 미리 포기해버린다면 아무것도 이룰 수가 없다.

010

땀 흘려 노력하라

자신의 삶에 나태한 사람은
어떠한 삶의 기적도 이룰 수 없다

너의 내면을 살펴보라. 마음속에는 착한 마음의 샘이 있다. 그 샘은 아무리

길어 내어도 결코 마르지 않는다.

-M. 아우렐리우스

미국의 유명한 인권지도자인 킹 목사의 일화 중에 이런 이야기가 있다.

그가 젊었을 때 수레를 끌고 언덕길을 올라가는데 워낙 무거워서 누군가

가 뒤에서 수레를 밀어 주어야 했다. 그래서 그는 수레를 세우고 사람들

이 지나가는 길에 우두커니 서서 수레를 밀어 줄 사람을 기다렸다. 그러

나 그 누구도 수레를 밀어 주겠다고 나서는 사람은 없었다. 모두가 그냥

그의 곁을 지나쳐 갔다. 그는 하는 수 없이 무거운 수레를 끌고 언덕을

오르기 시작했다. 온 몸에 땀이 비오듯 쏟아지고 숨이 막혀왔다. 바로 그

때 그 힘든 모습을 본 어느 행인이 뒤에서 수레를 밀어주기 시작했다.

이 일화처럼 수레를 밀어주기를 기다리고 있으면 누구도 도와주지 않는다. 힘들여 땀 흘리는 모습을 보여주었을 때 사람들이 그 모습을 보고 도와주는 게 인지상정이다.

자신은 아무 일도 안 하면서 남이 도와주기를 기다리는 사람들이 있다. 그들은 사람들이 도와주지 않으면 '세상 인정이 메말랐다', '세상이 타락했다' 하면서 세상에 대한 저주를 늘어놓는다. 그러나 그것은 잘못된 삶의 자세이고 자신을 망치는 태도이다. 자신의 삶을 잘 가꾸려면 먼저 땀 흘려 최선을 다해 일해야 한다.

기적을 일으키는 힘은 자신에게 있다. 자신이 땀 흘려 노력하다 보면 기적 같은 일이 이루어진다. 그러나 아무 일도 하지 않는 사람에게는 기적 같은 일은 일어나지 않는다.

자신이 바라는 것을 향하여, 힘들지만 한 걸음씩 땀 흘려 나아가라. 그러다 보면 당신을 돕는 사람들이 저절로 생겨나고 어느 사이엔가 당신의 삶에 기적 같은 일이 일어날 것이다.

011

결단 앞에서 주저하지 마라

오늘 망설이고만 있다면
내일도 망설이고만 있을 것이다

무슨 일에도 움직이지 않는 결단력만큼 기개 있는 사람을 만들어내는 요인

은 없을 것이다. 장래 큰 인물이 되기를 바라거나 죽은 뒤 큰 인물로 기억

되고 싶다면 헤아릴 수 없는 반대와 패배를 직면해서도 이를 극복하려는

결심이 필요하다.

―루즈벨트

미국의 콜로라도 주 스프링스 근처에 있는 아주 좁고 험한 산길은, 도저

히 자동차가 지나갈 수 없을 것처럼 보인다. 이 산길에 들어서면 아래와

같이 쓰인 푯말이 있다.

'넘어갈 수 있다'

이 푯말을 본 운전자들은 어떻게 넘어갈 것인가 궁리하고, 또 갈 수 있다

는 생각으로 노력을 하다 보면 결국은 그 험악한 산길을 넘을 수 있었다.

　결단의 순간에 신속하고 정확한 결단을 내릴 수 있는 사람이 되어

야 한다. 결단은 자신이 가지고 있는 신념이 바탕이 된다.

어떤 일을 함에 있어서 이것도 아니고 저것도 아닌 상태로 결단을 내리기를 미룬다면 결국 시간만 낭비하고 만다.

평소에 신속하고 정확한 결단을 내릴 수 있도록 신념을 가지는 것은 물론, 결단을 내릴 수 있도록 자신을 훈련시켜야 한다.

중요한 것은 자신을 믿는 것이다. 눈앞에 보이는 험한 길과 가파른 언덕 때문에 넘기를 포기한다면 당신은 영원히 그 길을 넘을 수 없을 것이다.

012

삶의 역경을 회피하지 마라

어려운 환경을 딛고 일어설 때
더 좋은 꽃을 피울 수 있다

나무에 가위질을 하는 것은 나무를 사랑하기 때문이다. 부모에게 야단을 맞지 않고 자란 아이는 훌륭하게 될 수 없다. 겨울의 추위가 심할수록 이듬해 봄의 나뭇잎은 한층 더 푸르다. 사람도 역경으로 단련되지 않고서는 큰 인물이 될 수 없다. 사랑하는 자녀일수록 매가 필요하다. 큰 인물로 세우고자 할수록 역경 속의 단련이 필요하다.

-B. 프랭클린

어린 꽃이나 식물체를 불량한 환경조건에 노출시키는 것을 일컫는 '경화'라는 용어가 있다. 며칠간 수분이나 온도, 빛 등의 환경조건을 불리하게 해주어, 식물체가 어려운 환경을 극복해 가는 과정 중에서 조직이 튼튼해지고 환경적응력이 커져 차후의 생육기간 동안 건강하게 자라는 데 도움을 주는 것을 경화라고 한다. 이렇게 경화된 꽃이나 식물체는 다른 것들보다 아름다운 꽃을 피울 수 있고 좋은 열매를 맺을 수 있어 많은 재

배자들이 경화작업을 통해 양질의 식물을 생산해낸다.

차후의 생장기간 동안 튼튼하게 자라 아름다운 꽃이나 충실한 결실을 맺도록 어린 식물체에 경화작업을 하듯, 우리도 어려운 환경에 노출되었을 때 그 환경을 극복하여 좋은 열매를 맺을 수 있도록 최선을 다해야 한다. 그랬을 때 더 알차고 보람있는 결실을 맺을 수 있다.

어려운 환경에 처했을 때 그 어려움을 헤쳐 나갈 용기가 필요하다. 용기를 가지고 도전할 때 극복하지 못할 문제는 없다.

어려운 환경에 처했을 때마다 쉽게 포기하거나 좌절하면 그 이후로 어떤 희망도, 어떤 꿈도 이룰 수 없게 된다.

013

과거를 잊지 마라

오늘은 어제로 만들어졌으며
내일은 오늘로 만들어진다

과거를 잊는 자는 결국 과거 속에서 살게 된다.

　　　　　　　　　　　　　　　　　　　　　－괴테

한 사람이 죽어서, 죽은 사람들이 살고 있는 나라로 여행을 떠나게 되었다. 여행 도중에 강을 만나게 되었다. 그 사람은 강을 건너기 위해 배에 올랐다. 뱃사공 카론이 그 사람에게 말했다.

"자신의 모든 기억을 잊게 만드는 망각의 강물을 마시고 안 마시고는 그대의 자유다."

그러자 그가 카론에게 말했다.

"세상에서 몸서리치게 고생했던 기억을 다 잊어버리고 싶습니다."

카론이 그에게 말했다.

"고생한 기억을 버리려면 기뻤던 기억도 모두 버려야 한다."

그가 다시 말했다.

---

1. 결단 앞에서 주저하지 마라

"치욕스러웠던 실패의 기억도 다 버리고 싶습니다."

"그러면 영광스러웠던 승리의 기억도 다 버려야 한다."

그가 다시 말했다.

"고독의 깊은 늪으로 빠트린 미움을 당한 기억도 다 버리고 싶습니다."

카론이 다시 말했다.

"그러면 가슴을 들뜨게 했던 사랑을 받았던 기억도 다 버려야 한다."

그는 한동안 깊은 생각에 빠졌다. 그리고 나서 그는 모든 기억을 잃게 하는 망각의 강물을 마시지 않았다. 그는 비록 세상에서 사는 동안 겪었던 슬픔과 실패가 함께 할지라도 사랑과 기쁨의 기억과 함께 하는 것이 더 좋을 것이라고 생각했다.

한 사람이 살아가는 과정에서 과거는 그것이 나쁜 것이었든 좋은 것이었든 자신의 소중한 자산이다. 과거를 잊어버렸다고 생각해보라. 자기가 어디에서 왔으며, 자기가 누구며, 무슨 일을 했는지 잊어버린다면 그것은 불행의 정도를 넘어 재앙이다.

간혹 과거를 잊어버리고 싶다는 사람들이 있지만, 과거는 오늘의 나를 있게 만들어 준 소중한 자산이다.

비록 과거가 사랑과 기쁨만이 아니라 슬픔과 실패, 미움이 함께 공존하는 것이라도 과거는 자신에게 있어 소중한 자산이다.

014

변하기를 주저하지 마라

자신이 변하지 않으면
삶에도 변화가 없다

어디에 가든지 자신이 가지고 있는 능력을 발휘하지 못하는 사람이 꼭 있다. 누구나 자신의 좋은 면을 인정받고 싶어 한다. 그런데 매우 모순이긴 하지만 사람들은 자신의 가능성을 알면서도 그 가능성을 거부하는 경향이 있다.

-노만 V. 필

어느 날, 캐나다 쪽 나이아가라 폭포를 여행하던 사람이 너무 목이 말라 호수의 물을 마셨다. 그런데 물을 마신 후 영어로 'Poison(독약)'이라고 쓰인 경고판이 보였다. 그 경고판을 본 순간 이 사람은 갑자기 배가 아프기 시작했다. 그는 급히 병원으로 달려가서 상황을 설명했다. 자초지종을 알게 된 의사가 갑자기 크게 웃으면서 말했다.

"Poison이라는 말은 영어로는 '독약'이지만 프랑스어로는 '낚시금지'라는 뜻입니다."

이 말을 듣는 순간 배의 통증이 순식간에 사라졌다. 똑같은 물이었지만 '독'이라고 생각했기 때문에 그 사람의 배가 아팠던 것이다.

자신의 삶을 위해서는 자신이 변해야 하지만 우리 주변에는 오히려 자신의 삶을 위해 타인을 변화시키려는 사람들이 많다. 자신의 잘못이나 편견, 오해, 무지 등을 고치려 하기보다는 남의 잘못이나 편견, 오해, 무지 등에 대해 핏대를 세운다. 자신의 삶을 위해 남들에게 희생을 강요하는 것이다.

무엇이 삶을 변화시키고 행복하게 할 수 있는가? 우리는 먼저 자신의 생각이 삶을 변화시키는 데 가장 큰 영향을 준다는 사실을 알아야 한다. 그것은 자신의 마음과 생각을 바꾸면 자신의 삶이 변하고 세상이 변한다는 사실을 깨닫는 것이다.

자신의 삶을 위해 남을 탓하거나 남의 생각을 억지로 변화시키려고 하는 것은 부질없는 일이다. 남이 변한다고 자신의 삶이 변하는 것은 아니다.

015

웃음을 잃지 마라

오늘 웃음을 잃지 않으면
내일 어떤 힘든 일도 이겨낼 수 있다

구하면 못 얻을 것이 없다. 그러나 젊은 사람들은 이 점을 잘 모르고 익은 감이 입으로 떨어지기만을 기다리고 있다. 희망은 산과 같은 것이다. 단단히 마음먹고 떠난 사람은 모두 산꼭대기에 도착할 수 있다. 산은 올라가는 사람에게만 정복된다.

-셰익스피어

한 전자제품 회사가 있었다. 그 회사의 초창기에는 제품이 별로 다양하지 않아 영업사원들이 판매에 어려움을 겪었다. 그래서 그 회사는 영업사원들을 격려하는 차원에서 영업사원들 가운데 판매실적이 좋은 사원을 불러서 공로를 치하하고 보너스도 주었다. 그런데 C라는 영업사원이 3년간 계속해서 1등을 했다. 그래서 사장이 어떻게 그토록 실적을 많이 올릴 수 있었나 알아보기 위해 C를 불러 성공의 비결이라도 있느냐고 물었다. 그러자 빙그레 웃으면서 사장에게 대답했다.

1. 결단 앞에서 주저하지 마라

"별다른 비결이 있는 것은 아닙니다. 다만 상품을 팔기 위해 남의 집 문 앞에 서면 제가 결혼했을 때의 그 행복했던 순간을 떠올리며 기쁜 얼굴로 그 집 초인종을 누를 뿐입니다."

당신이 웃음을 잃어버리고 찡그린 얼굴로 세상을 대하면 성공은 당연히 당신에게서 달아난다.

당신이 기쁜 얼굴을 하면 보는 사람도 즐거워진다. 사람이라면 누구나 기쁨이 넘쳐흐르는 사람의 상품을 사기 마련이다. 당신이 잔뜩 화난 표정으로 어떤 상품을 판매한다고 상상해보라. 그 제품이 아무리 좋다 한들 누가 그 제품을 사겠는가?

삶을 행복과 성공으로 이끌고 싶다면 어떤 어려운 상황에서도 웃음을 잃지 말아야 한다.

016
자기만 아는 이기주의적 행동을 하지 마라

남을 배려할 줄 모르면
남에게서도 배려받지 못한다

남을 배려하는 자세에서 인간은 성장한다.

—나카타니 아키히로

몹시 목이 마른 사람이 있었다. 그는 샘을 발견하자 엎드려서 벌컥벌컥 물을 마셨다. 그리고 나서 "나는 이제 물을 먹었으니까." 하고 그 자리에 주저앉아 똥을 누었다. 다음날 그는 다시 그 샘을 지나가게 되었다. 날씨가 너무 더웠기에 그는 심한 갈증을 느꼈다. 하지만 똥이 있는 것을 보고는, "어떤 더러운 놈이 여기에 똥을 쌌어?" 하며 화를 냈다. 물은 마시지도 못하고 심한 갈증을 느끼며 다시 길을 떠났다.

남을 배려하지 못하는 사람은 결국 자신이 당하게 된다. 자신의 갈증을 해결했다고 해서 그 물을 더럽히면 남도 그 물을 마시지 못하지만 결국 자신도 그 물을 다시 마실 수 없다.

　　남을 배려하여 자신이 마셨던 샘 주변을 깨끗이 하는 것은 남을 배려하는 것이면서 동시에 자신을 위하는 것이다.

　　남을 배려하지 않는 사람이 어떻게 남의 도움을 받을 수 있으며 성공할 수 있단 말인가?

　　남에 대한 배려는 곧 자기 자신에 대한 배려이다.

아무리 어려운 상황에서도 사랑을 잃지 마라

세상을 아름답게 만드는 것은
당신의 마음속에 있다

마음을 구성하는 원소들로부터 공감과 존경심과, 그리움과, 참을성과, 뉘우침과, 놀라움과, 용서하는 태도를 뽑아내어 그것을 하나로 합성시킬 수 있는 화학자라면, '사랑'이라고 일컫는 원자를 창조할 능력을 갖게 될 것이다.

-칼릴 지브란

커다란 굴뚝이 완성되고, 사람들은 그걸 짓기 위해 설치했던 작업대를 제거하고 있었다. 한 사람이 마지막에 밧줄을 타고 내려오기로 하고 굴뚝 위에 남아 있었다. 그런데 그만 사람들이 밧줄을 꼭대기에 남겨 놓지 않고 다 내려가 버렸다. 큰일이었다. 꼭대기에 혼자 남은 그는, 절망하여 굴뚝 꼭대기에서 두려워하며 어쩔 줄을 몰라 했다. 사람들이 많이 모여 들었지만 밧줄을 굴뚝 꼭대기까지 던져 올릴 수도 없었다. 그때 그의 아내가 외쳤다.

"당신의 양말을 벗어서 실을 풀어 보세요."

1. 결단 앞에서 주저하지 마라

그는 아내가 하라는 대로 양말을 벗어서 실을 풀었다.

"그걸 길게 이어서 아래로 내려 보내세요."

많은 사람들이 숨을 죽이고 그 장면을 지켜보았다. 실이 거의 내려오자 그의 아내는 거기에다 가늘고 질긴 삼실을 묶었다.

"이제 끌어올리세요."

삼실이 그의 손에까지 올라갔다. 그러자 이번에는 그 삼실에 밧줄을 이어 묶었다. 그는 밧줄을 손에 넣게 되었다. 밧줄을 튼튼히 꼭대기에 묶어 맨 그는 무사히 밧줄을 타고 내려왔다. 그리고 울면서 아내를 꼭 안았다.

과학이 발달한 오늘날에는 볼 수 없는 상황이지만 편리한 문명의 도구들이 개발되기 전에는 종종 겪었을 만한 이야기다.

어찌 보면 하잘 것 없는 한 가닥의 실과 남편을 사랑하는 아내의 마음이 지붕 위에 고립되어 있던 그를 살린 것이다. 그렇듯 아무리 어려운 상황에서도 사랑하는 마음을 잃지 않고, 극복할 방법을 생각한다면 어려운 상황을 슬기롭게 헤쳐 나갈 방법이 생긴다.

남을 사랑하는 마음은 결국 자신을 소중하게 여기고 자신을 사랑하는 마음으로 전이되는 것이다.

018

타인의 입장을 이해하지 못하는 사람이 되지 마라

입장을 생각하지 못한 배려는
그 사람을 망칠 수도 있다

남의 마음과 형편을 헤아리고 살피는 것에 익숙한 사람은 자기 자신의 상태를 잘 조절해 지혜롭게 살 수 있다. 남의 처지를 자기 입장과 비교해서 생각하는 넓은 마음은 자기 자신의 경험과 넉넉한 사랑에서 나오기 때문이다.

－무하이야딘

어느 몹시도 추운 겨울날이었다. 뱃사공은 어린 아들을 데리고 배를 저어 멀리 나갔다. 힘겹게 노를 젓는 뱃사공의 얼굴에는 땀이 줄줄 흘러내렸다. 그는 속옷만 남기고 겉옷을 훌훌 벗어 던졌다. 그는 선창 안으로 뛰어들어가 아들에게 소리쳤다.

"얘야, 덥구나. 어서 옷을 벗어라!"

뱃사공은 아들의 겉옷을 훌훌 벗기고 속옷만 입은 채로 두었다. 찌걱찌걱 노를 젓던 뱃사공의 온몸은 또다시 땀으로 흠뻑 젖었다. 그는 몸에 착 달라붙은 속옷마저 훌렁 벗어던졌다.

1. 결단 앞에서 주저하지 마라

"어휴, 꽤나 덥구나. 더워!"

선창으로 또 뛰어들어간 뱃사공은 아들의 남은 옷마저 홀랑 벗겼다. 찌걱 찌걱 뱃사공은 더 힘있게 노를 저어갔다. 몸에선 더운 김이 무럭무럭 피어올랐다. 그러나 불쌍한 어린 아들이 선창 안쪽에서 꽁꽁 얼어죽은 줄은 몰랐다.

-정신세계사에서 발행한 '파라독스 중국 우화집'에서

남을 배려할 때는 그 사람의 입장을 깊게 생각하면서 해야 한다. 자신의 입장에서만 하는 배려는 오히려 상대방에게 상처와 독이 될 수도 있다.

많은 사람들이 다른 사람들도 자신과 같은 처지일 것이라고 생각하지만, 이 세상을 살아가는 사람들은 처한 상황이 조금씩 다르다.

그러기에 남을 생각해주는 것도 그 사람의 입장을 잘 헤아려서 해야만 한다.

019

자신의 주변을 지옥으로 만들지 마라

이기주의는 세상을 지옥으로 만들고 배려심은 세상을 천국으로 만든다

생각에 따라 천국과 지옥이 생기는 법이다. 천국과 지옥은 천상이나 지하에 있는 것이 아니라 바로 우리의 삶 속에 있다.

−말로리

어떤 사람이 지옥 구경을 갔다. 먹을 것도 마실 물도 없는 지독한 곳일 거라고 생각하며 지옥에 들어서니 마침 식사 시간이었다. 밥상을 보았더니 놀랍게도 음식이 풍족하게 놓여져 있었다. 그런데도 그 식탁에 둘러앉은 사람들은 모두 피골이 상접하고 얼굴에는 살기가 등등했다. 왜 그런가 하고 자세히 보았더니 그들은 팔이 굽어지질 않아 음식을 집어 자기 입에 넣을 수가 없었다. 음식을 들어 입에 넣으려고 하지만 팔이 구부러지지 않아 차라리 음식이 없는 것보다 더 안타까웠다.

다음은 천국으로 갔다. 먼저 그들의 팔부터 보았다. 그런데 놀랍게도 그들의 팔도 구부러지지 않는다. 식탁의 음식을 보았더니 지옥의 것과 차이

가 없었다. 그런데도 그들은 살이 찌고 모두 행복해 보였다. 유심히 보았더니 그들은 음식을 집어서 자기 입으로 가져가지 않고 앞에 앉은 사람의 입에 넣어 먹여 주고 있었다.

서로 그렇게 두 가지를 나누어 먹음으로써 행복에 젖어 있었던 것이다. 상대방에게 음식만 먹이는 것이 아니라 사랑도 함께 나누어 먹었던 것이다. 그게 바로 천국과 지옥의 차이였다.

- '너는 가능성이다' 라는 책의 인도우화 중에서

많은 사람들이 오해하는 것이 있다. 자신만의 행복을 추구하면 자신은 행복해질 것이라고. 그러나 이런 사람들은 결국 불행한 삶을 살게 된다. 세상의 모든 일에서 자신이 우선이지만, 남을 생각하지 않고 자신만을 위해 살면 결국 자신의 삶을 망치게 된다.

남을 생각하고 배려할 때 남에게도 그렇게 대접을 받을 수 있는 것이다.

결국 자신의 주변을 천국으로 만드느냐 아니면 지옥으로 만드느냐는 오로지 자신의 마음에 달려 있다.

020

예를 모르는 사람이 되지 마라

사람과 사람 사이에도
적당한 간격이 필요하다

앵무새가 아무리 말을 잘한다고 해도 새이고, 원숭이가 아무리 흉내를 잘
낸다 해도 역시 짐승에 지나지 않는다. 아무리 훌륭한 말을 한다고 해도,
사람으로서 갖추고 있어야 할 예를 갖추지 못한다면 앵무새나 원숭이와 다
를 것이 무엇이 있겠는가.

―예기

어느 몹시 추운 겨울날 고슴도치 두 마리가 몸을 따뜻하게 하기 위해 서
로 가까이 다가갔다. 그런데 가까이 다가가면 날카로운 바늘 때문에 서로
의 몸을 찌르게 되었다. 그러나 멀리 떨어지면 너무 추웠기 때문에 이렇
게 다가갔다 멀어지기를 반복했다. 그리고 마침내 서로에게 상처를 주지
않으면서도 따뜻할 수 있는 이상적인 거리를 발견하게 되었다.

제대로 성장하려면 나무와 나무 사이에도 적당한 거리가 필요하
다. 사람과 사람 사이도 마찬가지다. 친구 사이에도, 부모와 자식 사이

에도, 남편과 아내 사이에도, 남자와 여자 사이에도 적당한 간격이 필요하다.

나무와 나무 사이의 간격은 물리적인 거리를 뜻하지만, 사람과 사람 사이의 간격이란 서로에게 지켜야 할 예절을 뜻한다. 친하면 친할수록, 가까우면 가까울수록 인간으로서의 예를 지킬 줄 아는 사람이 되어야 한다.

그 예절을 지키지 못하면, 서로에게 소중한 존재일지라도 결국 상처를 주고 해를 입히게 된다.

서로가 서로에게 도움을 주고, 행복을 나누려고 한다면 반드시 예를 갖춰 대해야 한다.

021

원리원칙에 얽매이지 마라

융통성 없는 삶은
스스로를 지치게 한다

몸가짐을 너무 결백하게 할 일만은 아니니 모든 욕됨과 때묻음을 용납할 수 있어야 하고, 남과 사귐에는 너무 분명하지 말아야 하나니, 모든 선악과 현명함, 어리석음을 받아들일 수 있어야 하느니라.

－채근담

미생지신(尾生之信)이라는 말이 있다. 춘추시대 노나라에 미생이라는 사람이 살았다. 사랑하는 여자와 다리 아래에서 만나기로 약속하고 기다렸으나 여자가 오지 않았다. 그가 기다리는 동안 소나기가 내렸다. 그는 물이 밀려와도 끝내 자리를 떠나지 않고 기다리다가 마침내 교각을 끌어안고 죽었다. 미생의 행동을 약속을 잘 지키는 신의로 볼 수도 있으나, 실은 작은 명분에 집착한 고지식하고 융통성 없는 행동으로 목숨을 잃은 어리석은 짓일 뿐이다.

꾸밈이 많은 오늘날 미생과 같은 행동은 잠깐의 카타르시스는 될지 모르지만 참다운 삶의 도리를 알고 인간 본성으로 돌아가기에는 너무 고지식하고 융통성이 없는 행동이다.

미생의 이야기는 너무 극단적인 예 중에 하나일지 모른다. 그러나 이런 극단적인 예는 아닐지 모르지만 너무 융통성 없는 사람들을 간혹 볼 수 있다.

어떤 일을 하면서 정해진 대로만 하려는 사람이 있다.

정해진 대로만 일을 하려는 사람은 큰 실수는 하지 않겠지만 발전과 성공을 가져오기는 어렵다. 늘 변화하려고 노력하는 창의적인 사람은 실수를 할 수도 있고, 실패도 할 수 있지만 결국은 그런 실수와 실패를 바탕으로 하여 성공을 만들어낸다.

022

굴욕적인 삶을 살지 마라

오늘 신념을 잃어버리면 내일 자기 자신도 잃게 된다

가난하다는 말은 너무 적게 가진 사람을 두고 하는 말이 아니라, 더 많은 것을 바라는 사람을 두고 하는 말이다.

－세네카

1823년 네덜란드에서 있었던 일이다. 네덜란드 의사협회는 푸아메트라는 사형을 선고받은 국사범에게 한 가지 실험을 했다.

"인간의 몸에서 어느 정도의 혈액을 빼내면 죽게 될까?"

"3분의 1 이상이 되면 죽을 것이라고 생각합니다."

의사들은 이런 이야기를 나누면서 그를 수술대에 묶었다. 그리고 그의 발가락을 메스로 긋고 준비해둔 양동이를 받쳤다. 곧이어 혈액이 양동이에 뚝뚝 떨어지기 시작했다. 그런 후 의사들은 실험실에서 나갔다.

푸아메트는 죽음의 공포에 휩싸였다.

네 시간 정도 시간이 지나자 의사들이 다시 들어왔다.

1. 결단 앞에서 주저하지 마라

"얼마나 빠져나왔죠?"

"거의 3분의 1쯤 되는 것 같습니다."

그 순간 푸아메트는 조용히 숨을 거두었다.

그러나 이 실험은 심리실험이었다. 의사의 이야기도, 발가락에 메스를 댄 것도, 혈액이 뚝뚝 떨어진 것도 모두가 다 거짓이었다. 사실은 발가락에 메스를 댄 것 같은 자극을 주고 양동이에도 물을 떨어뜨렸던 것이다. 사실 푸아메트의 몸에는 아무런 변화도 없었다. 그러나 이 심리실험만으로 한 인간이 죽어버리고 말았다.

어찌 보면 인간이란 아주 약한 존재이다. 그러나 사람들이 모두 다 푸아메트와 같이 되지는 않는다. 죽음의 위기에서도 놀라운 의지력으로 그 고비를 헤치고 살아난 사람들도 많다.

중요한 것은 마음이다. 마음이 약해질 때 인간은 한없이 나약해지고, 마음이 강할 때 인간은 상상을 초월해서 강해질 수 있다.

힘들고 지치고 짜증날 때 당신의 마음을 한번 돌려보라. 거울을 보고 웃어 보라. 평소에 부르던 노래를 나지막이 불러 보라. 그리고 용기를 내 다시 세상을 바라보고 당신에게 닥친 일을 생각해보라. 그러면 삶의 새로운 면을 바라볼 수 있게 된다.

023

일시적인 어려움에 굴복하지 마라

의지를 불태워 어려움을 극복할 때
자기 운명의 주인이 될 수 있다

인간이 인간다워질 수 있는 힘은 그 재능이나 이해력에 있는 것이 아니다.
제 아무리 재능과 이해력이 뛰어나고 풍부해도 실천력이 없으면 아무런 효
과도 거둘 수 없다. 의지력이 자신의 운명을 결정한다.

─에머슨

미국에서 있었던 일이다. 어느 철도회사에서 역에 정차하고 있는 냉동차
를 청소하던 작업원이 있었다. 그런데 어느 날 안에서 일하는 사람을 있
다는 것을 모르고 밖에서 빗장을 잠가 버리고 말았다. 냉동차 안에 갇힌
작업원에게 두려움과 함께 추위가 엄습해왔다. 팔다리의 감각이 서서히
마비되었다. 그리고 점차 정신이 혼미해지기 시작했다.

하루가 지난 후, 다른 사람들에 의해 냉동차 안에 갇혀 얼어 죽은 작업원
이 발견되었다. 그런데 이상하게도 사고 당시 냉동 스위치가 들어가 있지
않았다고 한다. 그는 냉동 스위치가 들어가 있지 않아 당연히 냉동이 되

1. 결단 앞에서 주저하지 마라

지 않는 차에서 얼어 죽은 것이다.

이 이야기는 실화다. 동사하지 않을 상황에서 동사해버린 작업원. 그는 어려운 환경을 맞아 자신의 의지를 다스리지 못했기에 이런 일을 당한 것이다.

그가 정신을 가다듬고 조금만 이성적으로 판단할 수 있었다면 죽음의 상황까지는 가지 않았을 것이다. 당신이 이런 경우를 당했다면 어떻게 대처했을까? 우리는 살아가는 동안에 경우가 다르더라도 이와 비슷한 경험을 하게 된다.

용기를 가져야 한다. 그리고 의지를 불어넣어야 한다. 어떠한 상황에서도 삶의 의지를 잃지 않는 것, 그것이 진정한 삶을 살아가는 당신의 용기가 아닐까?

tou, D.C.,
WA JAN 6 N
5 PM
1919
D.C.
33 CENT

024

내면의 힘을 부정하지 마라

오늘 잠재의식을 활용하지 못한다면
내일의 삶도 오늘과 다르지 않다

밀어붙여라. 세상 어떤 것도 끈기를 대신할 수 없다. 재능도 소용없다. 오직 끈기와 의지만이 모든 것을 가능하게 한다.

―레어 크록

1977년 일본의 심신의료회에서 큐슈의대의 나카가와 강사는 놀라운 발표를 했다. 내용은 말기 암 환자 13명에 관한 것이었다. 의사의 입장에서 볼 때 도저히 회생 가능성이 없다고 생각했는데 기적적으로 완치된 것이었다. 이것은 지금의 의학으로는 도저히 이해할 수 없는 불가사의라고 말했다.

의지는 운명을 이길 수도 있다. 우리는 가끔 상식을 초월한 인간의 의지에 대한 얘기를 접한다. 사람들은 그런 이야기를 들어도 그냥 흘러가는 얘기로 들을 때가 많다.

오늘 그들의 불꽃 같은 의지에 대한 얘기를 가슴 깊이 담아라. 당신도 그 이야기의 주인공이 될 수 있고 당신도 기적을 일으킬 수 있다.

의사가 포기해버린 암 환자 13명, 만약 그들이 삶을 포기했다면, 삶의 의지를 상실했다면 그들은 의사가 선고한 날보다 더 짧게 살았을지도 모른다. 그러나 그들은 그러한 역경에 처했을 때도 삶의 의지와 용기를 가지고 운명에 맞섰다. 그래서 그들은 의사도 이해 못할 그런 결과를 만들어냈다.

의지는 단련할수록 강해진다. 기적을 이룰 수 있는 힘이 당신의 내면에도 존재하고 있다는 것을 믿어라. 당신의 내면에 있는 이 힘을 사용했을 때 당신은 무슨 일이든 할 수 있다.

기적을 일으키는 힘은 바로 당신의 내면에 있다.

025

준비하지 못하는 사람이 되지 마라

남을 지나치게 부러워하는 마음은
결국 자신의 삶을 망칠 뿐이다

어떤 점에서 남보다 뛰어나더라도 그것에 너무 의지하지 않는 것이 좋다. 또 어떤 점에 있어서 남보다 열등하더라도 그것을 비관할 필요는 없다. 잘난 사람도 어떤 점에 있어서는 남만 못할 것이며, 못난 사람도 어떤 점에 있어서는 남보다 나을 수 있다. 자기가 뛰어나다고 생각하는 것은 도리어 무거운 짐을 짊어진 것이나 다름 없다. 남보다 못하다는 열등의식 또한 똑같은 정신적 부담을 지는 것이며, 자칫하면 남을 시기하게 되고 혹은 고독에 빠지기 쉽다. 자기에게 부족한 것은 다른 것으로 메우도록 노력하라.

-D. 로렌스

아주 오래 전에 시라쿠사라는 나라가 있었다. 그 나라는 디오니시우스라는 왕이 다스리고 있었다. 왕의 신하 중에 다모클레스라는 사람이 있었다. 그는 디오니시우스가 왕좌에 앉아 권세를 누리는 것을 아주 부러워했다. 이를 눈치챈 왕이 하루는 다모클레스를 불러놓고 말했다.

"정 그렇다면 어디 하루만이라도 왕좌에 앉아보도록 하게."

다모클레스는 매우 기뻐하며 왕좌에 앉았다. 눈앞에는 산해진미가 가득 놓여 있었다. 신하들이 그를 향해 일렬로 엎드렸다. 그는 자기가 한번 호령하면 날던 새도 떨어뜨릴 것 같았다. 한참 동안 그는 기쁨에 도취되어 있었다.

그런데 뭔가 불안한 기분이 들었다. 문득 위를 쳐다보니 예리한 칼 한 자루가 한 올의 말총에 매달려 그의 머리를 향해 늘어져 있었다. 순간 다모클레스는 새파랗게 질리고 말았다. 언제 그 머리카락 같은 끈이 끊어져서 칼이 떨어질지 몰랐다. 이를 '다모클레스의 칼'이라고 부른다. 왕의 자리는 그런 것이었다.

자신의 삶에 대해서 무조건 절망하거나 비관하지 마라. 사람들은 처한 위치와 환경에 따라 저마다의 고통을 짊어지고 살아가기 마련이다.

자신에게 주어진 생에서 자신이 이루어야 할 것, 자신이 좋아하는 것들을 생각하고 그 생각들을 하나하나 하다 보면, 자신이 소망하는 것을 하나씩 이루어 나갈 수 있다.

남의 위치만 부러워하지 말고 자신의 삶에 대해 준비하라. 내일 당신에게 다가올 삶의 비상(飛翔)을 위해.

026

시련으로부터 도망치지 마라

오늘 자신의 시련을 회피하면
내일 어떤 일도 이룰 수 없다

당신을 괴롭히고 슬프게 하고 있는 일들을 하나의 시련이라고 생각하라.
쇠는 담금질을 해야 더 단단해진다. 당신은 지금의 시련을 통해 더욱 굳건
한 정신을 얻게 될 것이다.

－아우구스티누스

차이코프스키가 비극적 결혼 때문에 자살 직전까지 가지 않고 행복하게
살았다면 그 유명한 교향곡 '비창'은 이 세상에 나올 수 없었을 것이다.
톨스토이나 도스토예프스키가 고난의 생애를 살지 않고 행복한 가정을
꾸미고 자기 삶에 안주했다면 그들은 결코 인류사에 남을 만한 뛰어난 소
설을 쓰지 못했을 것이다. '실낙원'을 쓴 밀턴은 장님이었기 때문에 성한
사람보다 더 아름다운 시를 쓸 수 있었고, 베토벤은 귀머거리였기 때문에
그렇게 뛰어난 작곡을 할 수 있었다.

시련은 인간을 강하게 만든다. 시련을 딛고 일어선 사람들은 이 세상을 살면서 뛰어난 업적을 쌓을 수 있다. 그러나 세상의 시련에 굴복하여 그 시련을 극복하지 못한다면 그는 평범하거나 실패한 인생을 살게 될 것이다.

삶에 있어서 시련이라는 것은 기회의 또 다른 모습이다. 자신의 삶에 시련이 닥쳤다 해서 절망하지 마라.

당신에게 시련이 닥쳤을 때 그 시련을 받아들여라. 시련이 올 때마다 도피한다면 어떤 일도 이룰 수 없다. 당신이 시련을 받아들여 그 시련을 극복할 때에만 삶의 열매와 의미를 가질 수 있다.

027

남의 눈치를 살피지 마라

오늘은 자신을 생각하고
내일 남을 생각하라

도덕에 대한 복종은 노예적이며, 허영이며, 이기적이며, 체념이며, 음울한 광기이며, 사상을 버리는 것이며, 절망적인 행위이다.

—니체

어떤 형제가 있었다. 형은 천성적으로 사람이 좋아 스스로 희생을 떠맡았다. 그는 친구들의 일도 가정의 일도 스스로 희생하는 편이었지만, 스스로 억누른 자신의 마음으로 인해 화를 잘 내고 늘 초조했다.

이에 비해 동생은 배짱이 좋고 자기에게 좋은 것만을 생각하는 편이었다. 일단 주변을 생각하는 것이 아니라 자신을 먼저 생각했다. 동생은 늘 이렇게 말했다.

"내 인생은 내 것이야. 누가 뭐라고 해도 나는 멋진 삶을 살 것이고 부자가 될 거야."

형은 동생을 뻔뻔스럽게 생각했다. 그리고 동생이 제멋대로 사는 것을 못

마땅하게 여겼다.

그 후 두 사람의 삶은 어떻게 되었을까? 형은 조금도 행복하지 않았으며 후에 병까지 걸렸다. 그러나 언제나 이기적인 생각을 해 왔던 동생은 자신의 길을 개척했고 부자가 되었다.

일반적인 관점으로 보면 부모에게 효도하는 형과 제멋대로인 동생 중 형 쪽이 훌륭하다고 볼 수도 있지만, 현실에서는 형은 불행하게 되었고 동생은 행복하게 되었다.

가족도 중요하지만 먼저 고려해야 하는 것은 자기 자신이다. 자신의 인생을 개척해 나가면서 차후에 가족과 다른 사람을 위한 길을 찾아야 한다. 자신의 삶도 제대로 개척하지 못하면서 남을 위해 희생하는 것은 자신의 삶을 살기를 포기하는 것과 마찬가지가 아닐까?

028

사랑을 모르는 사람이 되지 마라

사랑을 모르는 인생은
반쪽 인생이다

강한 충동이 없을 때 삶은 암흑이며, 모든 충동은 깨달음이 없을 때 쓸모 없는 것이며, 모든 깨달음은 노동이 없으면 헛된 것이며, 모든 노동은 사랑이 없다면 공허한 것이다.

－칼릴 지브란

방랑중인 어떤 수도승이 작은 마을에 머무르고 있었다. 어떤 사람이 그 수도승을 찾아와 신을 알고 싶다고 말했다.

수도승이 그에게 물었다.

"그대는 누군가를 사랑해본 적이 있는가?"

"없습니다. 저는 그런 세속적 일로 죄를 범하지 않았습니다. 저는 그런 세속적인 일로 타락한 적이 한번도 없습니다."

수도승이 다시 물었다.

"아직까지 한번도 사랑의 고통을 느껴본 적이 없단 말인가?"

"저는 지금까지 거짓말을 해본 적이 없습니다."

수도승이 세 번째로 물었다.

"잘 생각해 보게. 누군가를 조금이라도 사랑한 적이 없단 말인가? 정말 단 한 사람도 사랑해본 적이 없단 말인가?"

"실례지만 왜 똑같은 질문을 계속 하십니까? 저는 사랑이란 글자를 건드린 적조차 없습니다. 저는 깨달음을 얻고 싶습니다."

수도승이 대답했다.

"죄송합니다. 다른 사람을 찾아가시기 바랍니다. 제 경험에 의하면 만약 당신이 누군가를 사랑한 경험이 있다면 그래서 사랑의 꼬리라도 잡아본 적이 있다면 저는 그것을 기초로 하여 당신이 귀의하도록 도와줄 수 있습니다. 하지만 친구여! 당신이 단 한번도 누군가를 사랑해본 적이 없다면 당신은 신을 향한 어떤 길도 발견할 수 없을 것입니다."

사랑의 감정을 모르는 사람은, 인간의 가장 중요한 것을 모르고 사는 반쪽 인생을 살고 있는 것이다. 사람이 어려운 위기와, 자살까지 생각하게 되는 불행을 견딜 수 있는 것은 사랑이라는 감정이 있기 때문이다. 다른 사람을 사랑할 줄 아는 사람이 참다운 자신의 삶을 개척할 수 있다. 남을 조금도 생각하지 않는 사람은 결국 다른 사람에게서 자신도 똑같은 대접을 받으며 살아갈 수밖에 없다.

자신만을 생각하는 속좁은 사람이 되지 마라

아무리 초라한 사람이라도 다른 사람을 따뜻하게 할 수 있다

나아갈 때 물러설 것을 도모하면, 울타리에 걸리는 재앙을 면할 수 있다. 손을 댈 때 손을 떼는 것을 도모하면, 호랑이 등에 타는 위험한 고비를 벗어날 수 있다. 좁은 골목길에서 한 걸음 멈추어 다른 사람이 먼저 지나가게 배려하면, 평화로운 마음을 얻을 수 있다. 자기의 졸렬함으로 남의 능함을 미워하지 않고, 자기의 장점으로 남의 단점을 들추어 내지 않으면 존경받을 수 있다.

ー채근담

싱이라는 사람이 네팔 지방의 산길을 걷고 있었다. 그날 따라 눈보라가 심하게 몰아치고 있었다. 멀리서 여행자 한 사람이 다가왔다. 방향이 같음을 확인한 그들은 동행이 되었다. 살을 에는 추위와 거친 눈보라를 맞으면서 인가를 찾기 위해 계속 걸었지만 인가는 보이지 않았다. 얼마쯤 걷다 보니 웬 노인이 눈 위에 쓰러져 있었다. 싱은 동행자에게 제의했다.

"우리 이 사람을 같이 데리고 갑시다. 그냥 두면 죽고 말 겁니다."

그러자 동행자는 버럭 화를 냈다.

"무슨 말입니까? 우리도 죽을지 모르는 판국에 저런 노인네까지 끌고 가다가는 우리 모두 다 죽게 될 거요."

사실 그렇긴 했지만 싱은 불쌍한 노인을 그냥 둘 수는 없다고 생각했다. 그는 노인을 업고 눈보라 속을 한 걸음씩 걷기 시작했다. 앞서서 가버린 동행자의 모습은 보이지 않았다. 노인을 등에 업은 싱은 갈수록 힘이 들었다. 하지만 끝까지 참고 인가가 나오길 바라며 묵묵히 걸어갔다. 싱의 몸이 땀으로 젖어들었다. 싱의 몸에서 더운 기운이 전해져서인지 차츰 등에 업힌 노인이 의식을 회복하기 시작했다. 두 사람은 서로의 체온으로 조금도 춥지 않았다. 마침내 그들은 마을에 이르렀다. 싱의 눈에 마을 입구에 한 사내가 꽁꽁 언 채로 쓰러져 있는 것이 보였다. 시체를 살펴본 그는 놀라지 않을 수 없었다. 그가 바로 자기 혼자 살겠다고 앞서 가던 그 동행자였기 때문이었다.

상대가 보잘 것 없다고 무시해 버린다면 그 당시에는 편안함을 줄 것 같지만 결국 손해가 되어 돌아온다.

남을 배려하지 못하는 사람은 결국 자신도 배려받지 못하고 초라한 삶을 살게 된다.

030
아무리 작은 가능성일지라도 그 문을 닫지 마라
오늘 가능성의 문을 열어 두면
내일 그 문으로 들어갈 수 있다

한 때는 불가능하다고 생각되었던 것들이 결국에는 가능한 것이 된다.

-K. 오브라이언

미국의 구두회사와 영국의 구두회사가 시장조사를 하기 위해 아프리카에 직원을 파견했다. 영국 직원은 아프리카인들이 맨발로 자연스럽게 다니는 것을 보고서는 바로 '구두 시장성 없음. 아무도 구두를 신지 않음'이라고 결정을 내리고 그 결과를 보고했다. 그러나 미국 직원은 같은 광경을 목격했음에도 '여기는 무한한 시장이 확보되어 있음. 모두 구두를 신고 있지 않음'이라고 보고했다. 결국 미국의 구두회사가 아프리카에 먼저 진출하여 시장을 점유했음은 두말할 나위도 없다.

부정적인 생각을 가지고 일을 시작하면 결국 부정적인 결과밖에 얻지 못한다. 어떤 일을 함에 있어서 긍정적인 사고를 가지고 일을 대

하면 좋은 결과를 얻을 수 있다.

위에 있는 이야기처럼 똑같은 상황을 보고도 한 사람은 부정적으로, 다른 한 사람은 긍정적으로 보았다. 그 두 사람의 결과는 뻔한 것이다. 부정적으로 인식한 사람은 가능성조차 막아버린 것이고, 긍정적으로 본 사람은 처음에는 작은 가능성일지언정 그 가능성을 더욱 크게 만들었다.

031

평범하다고 실망하지 마라

자신의 재능을 키우는 사람이
내일 성공할 수 있다

인생살이에서 성공하자면, 겉으로는 바보처럼 보여질지라도 내면에는 실속을 챙겨두어야 한다는 것을 나는 늘 어디서든지 관찰하고 있다.

-몽테스키외

같은 대학 같은 학과를 같은 해에 졸업하고, 같은 곳에서 근무하며 같은 일을 하고 있는 두 사람이 있었다. A는 건강하고 신도시에 살며 장래도 좋을 것이라 다들 생각했다. 그런데 B는 병으로 고생하고 있었다. 그는 몸도 약했고 가진 것이 너무 없었기에 다들 그의 장래를 어둡게 보았다. 그래도 B는 소망을 가지고 있었다. 그는 작아도 좋으니 정원이 있는 집을 갖고 싶어했다.

그로부터 7년이 지났다. A는 여전히 신도시에 살았지만 집값이 올라 더 작은 아파트로 이사했으며, 지금은 오르는 집값 때문에 신도시 외곽으로 이사를 고려하고 있다. B는 최근 전원주택을 지었다. 제3자의 입장에서

볼 때 B쪽이 훨씬 더 불리했는데도 불구하고 말이다.

　다른 사람보다 조건이 좋다고 무조건 성공하는 것은 아니다. 성공한 사람들 중에는 다른 사람들과 비교할 수 없을 정도로 안 좋은 조건을 가지고 있었던 사람들도 있다.

　성공한 사람들을 보면 자신이 가진 조건 외에 어떤 다른 것들이 작용하고 있다는 것을 알 수 있다.

　그것은 자신을 믿고 자신의 재능을 계속해서 발전시키는 노력이, 결국 자신의 불리한 조건을 극복하고 유리한 조건을 가진 사람들보다도 먼저 성공을 이끌어낸다는 것이다.

032

걱정하지 마라

실패했지만 포기하지 않으면
반드시 성공할 수 있다

무슨 일이든 처음에는 힘든 고비가 있다. 그 최초의 고비를 두려워 마라. 첫

고비를 넘으면 그 다음 고비를 넘기가 훨씬 수월해지는 법이다. 사람들은

첫 고비를 두려워하기 때문에 능히 할 만할 일을 어렵다고 포기하고 있다.

－채근담

토마스 에디슨은 세계에서 가장 뛰어난 발명가 중의 한 사람이다. 그는

플로리다의 포트마이어스 시에 실험실을 만들어, 44년간이나 겨울에는

그 실험실에서 연구를 계속했다. 그가 전구의 필라멘트를 만들 때 계속

실패하자 제자가 말했다.

"선생님. 조건에 맞는 실험을 다 해보았습니다. 선생님은 불가능한 일을

하려고 하십니다."

그러자 에디슨이 대답했다.

"지금까지의 실험으로 9천 가지 종류의 재료는 쓸 수 없다는 것을 알게

되었어. 그러니 지금부터 또 열심히 실험해서 쓸 수 있는 재료를 찾아내야지."

에디슨은 결국 이런 과정을 거쳐 필라멘트를 만들어냈다. 결국 9천 번의 실패를 딛고 성공을 한 것이다.

　사람들은 종종 아무것도 하지 않으면서, 또는 한두 번의 실패를 겪고 나서 '나는 불행하다', '나는 슬프다', '나는 절망스럽다'고 말한다. 자신의 운명을 개척하기 위해 아무것도 하지 않으면서 이런 생각과 말을 되풀이하면 인생은 더욱 불행해질 뿐이다.

　성공한 삶을 살고 싶고, 행복한 삶을 살고 싶다면 지금이라도 열과 성을 다하여 자신의 생활을 윤택하게 하고 풍요롭게 할 수 있는 방법을 찾아야 한다. 스스로 노력하지 않고 행운이 찾아오길 바라는 것은 어리석은 일이다.

　에디슨이 9천 번의 실패를 딛고 성공을 했듯이, 누구라도 포기하지 않고 노력한다면 분명 성공의 실마리를 찾을 수 있을 것이다.

2. 능력을 과신하지 마라
지도와 나침반을 준비해야
목적지에 도착할 수 있다

033

의지가 중요하다

오늘 어떤 의지를 가지느냐에 따라 내일의 삶이 좌우된다

세상은 그대의 의지에 따라 그 모습이 변한다. 동일한 상황에서도 어떤 사람은 절망하고 어떤 사람은 여유 있는 마음으로 행복을 즐긴다.

－그라시안

어떤 농부가 당나귀를 타고 여행을 하고 있었다. 그때 갑자기 도깨비가

나타나 농부에게 말했다.

"당나귀가 방귀를 세 번 뀌면 너는 죽는다."

농부는 이 말을 듣고 코웃음을 치며 말했다.

"바보 같은 소리 하지 마라. 지금까지 살면서 당나귀가 방귀 뀌는 소리

같은 건 들어본 적도 없다."

그러면서 가던 길을 계속 갔다. 그런데 어찌된 일인지 길을 가다 보니

'푸' 하고 당나귀가 방귀를 뀌었다. 농부는 당황했다.

'이것 큰일 났군. 만일 도깨비가 말한 것이 사실이라면 큰일이다'

농부는 이렇게 생각하며 얼른 당나귀의 엉덩이에 돌을 매달았다. 그런데

얼마 안 가서 '푸' 하는 소리가 또 들려왔다. 불안해서 당나귀에서 내려 당나귀의 엉덩이를 쳐다봤더니 매달아놓은 돌이 없어졌다. 그래서 '이번에는 떨어지지 않게 단단히 매달아야지' 하고 큰 돌을 꽁꽁 묶어 매달았다. 그리고 여행을 계속했다.

'이번에는 충분하겠지'

하지만 아무래도 마음이 놓이질 않아 다시 내려 당나귀의 엉덩이를 바라보았다. 그런데 그만 '푸' 하고 당나귀가 방귀를 뀌자 큰 돌이 농부의 머리에 떨어지고 말았다. 농부는 그 자리에서 저 세상으로 떠나고 말았다.

이 우화처럼 의지가 약해지면 아무것도 아닌 사소한 것들에도 신경을 쓰게 되고, 그것이 마음에 병이 되어 스스로를 파멸시킨다. 세상을 살다 보면 자신의 의지가 약해질 때가 있다. 그때 스스로 용기를 불어넣지 못하고 의지가 약해지면 결국 우화 속의 당나귀를 탄 농부의 경우를 겪게 된다.

스스로 심신을 단련시켜 의지를 약하게 하는 나약함을 물리쳐야 한다.

034

남을 따라 하지 마라

가고자 하는 길이 분명하면
그 길을 개척할 수 있다

자신의 생각을 주장하라. 결코 남의 흉내를 내지 마라. 타고난 재능을 그
동안 쌓아 온 능력과 함께 발휘해 보라. 다른 사람의 재능을 따라 하는 것
은 일시적인 것이다. 각자가 어떤 능력을 발휘할 수 있을지는 오직 신만이
알고 있다.

-에머슨

언젠가 신문에서 읽은 아프리카 산양 이야기가 생각난다. 아프리카에 살
고 있는 산양의 일종으로 '스프링 벅'이라는 양이 있다. 평소에는 대여섯
마리 정도 모여서 사는데 어느 시기 갑자기 한 곳에 모여들기 시작하여
수천 마리의 집단을 이룰 때가 있다. 처음에는 풀을 뜯어 먹으면서 천천
히 행렬을 이루는 여유를 가지지만 앞서가는 양들이 대부분 풀을 먹어 치
워 버리므로 뒤따르는 양들은 풀을 차지하기 위해 앞다툼을 하지 않을 수
없다. 그래서 그들의 대열은 조금씩 빨라지기 시작한다.

뒤쪽이 속도를 높여 달려오므로 앞쪽은 더 빨리 달릴 수밖에 없다. 결국은 모두가 전속력으로 맹렬히 앞으로 나아가게 된다. 처음에는 가야 할 목적지가 예정되어 있었다. 하지만 처음의 목적을 잊은 채 그저 달릴 뿐이다. 뿌연 모래바람을 일으키며 필사적으로 질주하는 양떼들은 사막을 건너 바닷가에 다다른다. 그러나 그 행렬은 멈출 수가 없다. 어떤 신호도 귀담아 들을 여유를 완전히 잃어버린 것이다.

수많은 산양들의 시체가 떠오른 바닷가에는 파도만이 여유 있게 밀려왔다 갈 따름이다. 그들이 혼신의 힘을 다해 달려간 대가의 최후는 '죽음의 종말' 뿐인데 왜 그들은 그 같은 일을 되풀이하고 있는 것일까?

사람들도 아프리카에 사는 산양처럼 처음의 목적을 잊은 채, 그저 남들이 달리니까 따라 달리고 있는 것은 아닐까?

한번쯤은 자기의 삶을 되돌아보는 시간이 필요하다. 그리고 자신의 삶의 목적에 대해 생각해보는 시간도 필요하다.

아프리카 산양처럼 허무하게 자신의 삶을 바다에 내던질 수는 없다. 남의 생각과 행동을 따라 하는 삶은 아프리카 산양처럼 자신의 삶을 망치는 것이다.

035

포기하지 마라

실패를 했더라도 포기하지 않는다면 성공의 문을 열 수 있다

어떠한 역경 속에도 최고의 기회, 최고의 지혜가 숨어 있다. 실패는 없다. 다만 미래로 이어지는 과정일 뿐이다.

-앤터니 로빈스

실패는 당신이 실패자임을 의미하지 않는다.

실패는 다만 당신이 아직 성공하지 못했음을 의미할 뿐이다.

실패는 당신이 아무것도 성취하지 못했다는 걸 의미하지 않는다.

실패는 다만 당신이 무엇인가를 새로 배웠음을 의미할 뿐이다.

실패는 당신의 위신이 손상된 것을 의미하지 않는다.

실패는 다만 당신이 무엇인가를 용감히 시도했었음을 의미할 뿐이다.

실패는 당신이 틀렸다는 것을 의미하지 않는다.

실패는 다만 당신이 다른 방법으로 시도해야 할 것을 의미할 뿐이다.

실패는 당신이 열등하다는 것을 의미하지 않는다.

실패는 다만 당신이 완전한 존재가 아님을 의미할 뿐이다.

실패는 당신이 인생을 낭비했다는 것을 의미하지 않는다.

실패는 다만 당신이 다시 출발해야 할 좋은 이유를 갖고 있음을 의미할 뿐이다.

실패는 당신이 이제 포기해야 된다는 것을 의미하지 않는다.

실패는 다만 당신이 더 열심히 해야 한다는 것을 의미할 뿐이다.

실패는 당신이 결코 해낼 수 없음을 의미하지 않는다.

실패는 다만 시간이 더 오래 걸릴 뿐임을 의미할 따름이다.

실패는 신이 당신을 버렸다는 것을 의미하지 않는다.

실패는 다만 신이 더 좋은 계획을 갖고 있음을 의미할 뿐이다.

로버트 슐러는 '실패의 적극적 의미'에서 '실패란 무엇인가'에 대해서 이렇게 정의를 내렸다.

많은 사람들이 실패를 두려워하지만 실패를 미리 두려워할 필요는 없다. 실패라는 것은 무엇인가를 시도하다가 생기는 것이기에 새로운 것을 시도한 사람에게 주어지는 또 다른 기회의 모습이다.

실패를 걱정하여 아무런 일도 하지 못하게 되면 그것은 정말로 삶의 큰 실패를 당신에게 안겨주게 된다. 삶을 살아가는 데 있어 미리 실패를 걱정하지 않고, 늘 새로운 것에 도전하는 자세가 중요하다.

036

두려운 마음에 사로잡히지 마라

두려운 마음으로 얻을 수 있는 것은 아무것도 없다

우리가 두려워하는 공포는 종종 허깨비이지만, 그럼에도 불구하고 실제 고통을 초래한다.

―실러

"저는 생선을 먹지 못합니다. 별다른 이유도 없는데 도무지 먹기가 싫어요. 많은 사람들이 맛있게 먹고 있는데도 말입니다. 그런데 최근에 그 이유를 알았어요. 제가 어렸을 때는 생선을 아주 좋아했답니다. 그런데 어느 날 생선을 먹다가 목에 가시가 걸려 며칠간 심하게 고생을 했다고 합니다. 그리고 그 후로는 생선을 잘 먹지 않게 되었답니다. 하지만 참 이상한 일입니다. 저는 전혀 기억할 수가 없거든요."

또 다른 예도 있다.

그는 돼지고기를 좋아하지만 돼지고기만 먹으면 배탈이 났다. 그래도 돼지고기를 좋아하는 편이라 가끔 먹으러 갔다. 그는 돼지고기를 먹은 후에

는 반드시 약을 먹었다. 어느 날 그는 친구와 함께 돼지고기를 먹게 되었다. 그런데 그의 친구가 말했다.

"나도 돼지고기를 먹으면 속이 불편해져서 약을 먹어야 해."

그러면서 그에게도 약을 주었다. 그는 약을 먹어서인지 배탈이 나지 않았다. 그러나 그의 친구가 그에게 준 약은 소화제와는 아무런 관계도 없는 비타민이었다. 그는 돼지고기를 먹고도 아무런 이상이 없었던 것이다.

위에 있는 두 가지 이야기처럼, 자신의 마음 깊숙한 곳에는 자신이 이미 잊어버리고 있는 기억도 저장되어 있다. 생선을 먹다가 고생한 사람의 기억에는 존재하지 않는 것 같지만 잠재의식은 기억하고 있어 자신의 행동을 제약한다.

마찬가지로 돼지고기를 먹고 탈이 난 경험이 있을 때, 돼지고기가 눈에 보이는 순간 잠재의식은 방어본능을 일으키기도 한다. 두 이야기 모두 결국 몸이 문제가 아니라 마음이 문제였다.

외부적인 요인으로 만들어지는 병도 있지만 마음이 만들어내는 병도 있다. 당신의 잠재의식이 당신도 알지 못하는 '걱정'에 지배되면 결국 병을 만들어낸다.

037

너무 지나치게 준비에 몰두하지 마라

마음의 준비만 되었다면
바로 길을 나서라

지나친 준비 때문에 행복을 망치는 경우가 있다. 마음의 준비가 되면 모든

준비는 완료된 것이다.

-셰익스피어

K라는 사람이 있었다. 그는 어떤 일을 하기 전에 너무 망설이는 타입이었

다. 그는 어떤 일을 시작할 때 치밀한 계획을 세우고 세심하게 준비하는

사람이었다. 그러나 그는 준비과정에 모든 정열을 쏟아부어서 결국 아무

일도 하지 못한 경우가 많았다. 그는 실패에 대한 두려움 때문에 망설이

고 있었던 것이었다. 그는 이 사실을 몰랐다.

세상의 일은 아무리 준비하고 계획해도 완벽할 수 없는 법이다.

발전과 성공의 과정에서는 많은 시행착오를 겪을 수밖에 없다. 그렇기 때

문에 너무 계획과 준비에만 치중하다 보면 정작 중요한 일을 시작하지 못

할 수도 있다. 계획도 중요하다. 하지만 더 중요한 것은 실천이다. K는 이

사실을 몰랐다.

어떤 일을 진행하다 보면 잘 될 수도 있고 안 될 수도 있다. 그래서 어떤 상황에서든 그 상황에 적절하게 대처할 수 있는 능력이 일의 성패를 좌우하는 큰 요인이 된다.

완벽한 계획이란 없다. 일을 해나가면서 계획의 일부를 수정해야 하는 상황이 너무도 많이 일어나기 때문이다.

K라는 사람은 오늘도 계획과 준비에 매달리고 있을 것이다. 물론 모든 일을 시작하기 전에 신중하게 검토하고 확인하고 결론을 내려야 한다. 그러나 실천하지 않는 계획은 의미가 없다.

038

습관의 노예가 되지 마라

나쁜 습관은 실패로 이끌고 좋은 습관은 성공으로 이끈다

습관은 격언보다 위대하다. 습관은 격언이 살아 본능으로 변하고 살이 된 것이기 때문이다. 격언을 고치는 것은 아무것도 아니다. 책의 제목을 바꾸는 것에 지나지 않는다. 새로운 습관을 취하는 것이 중요하다. 습관은 생활의 실제로 들어온 것이다. 생활은 습관이 짜놓은 직물에 불과하다.

—H. F. 아미엘

나는 누구일까요?

나는 당신의 영원한 동반자입니다. 또한 당신의 가장 훌륭한 조력자일 뿐 아니라 가장 무거운 짐이 되기도 합니다. 나는 당신을 성공으로 이끌기도 하고 실패의 나락으로 끌어내리기도 합니다. 나는 전적으로 당신이 하는 대로 그저 따라갑니다. 그렇지만 당신 행동의 90%가 나에 의해 좌우됩니다. 나는 당신의 행동을 빠르고 정확하게 좌지우지합니다. 나에겐 그것이 매우 쉬운 일입니다. 당신이 어떻게 행동하는지 몇 번 보고 나면 나는 자동적으로 그 일을 해냅니다. 나는 위대한 사람들의 하인일 뿐 아니라 실패한 모든 이들의 주인이기도 합니다. 나는 인공지능기계처럼 정밀하지만 그렇다고 해서 기계는 아닙니다. 나를 당신의 이익을 위해 이용할 수도 있고, 당신의 실패를 위해 사용할 수도 있습니다. 그것은 나와 아무런 상관이 없습니다. 나를 착취하십시오. 나를 훈련시키십시오. 그리고 나를 확실하게 당신의 것으로 만든다면 나는 당신의 발 앞에 이 세상을 가져다 줄 것입니다. 만일 당신이 날 가볍게 여긴다면, 난 당신을 파멸의 길로 이끌 것입니다. 내가 누군지 아시겠습니까?

나는 습관입니다.

– '시도하지 않으면 아무것도 할 수 없다' 중에서

매일 부딪히는 사소한 일이나 사소한 선택이 습관을 만든다. 이 습관은 어찌 보면 사소하지만 당신의 미래를 좌우하는 중요한 열쇠이다.

만약 나쁜 습관이 일상화되어 반복되면 아무리 중요한 일에 매달려도 이 습관으로 인해 결국 낭패를 보게 된다. 그 사실을 후에 깨달았다고 해도 나쁜 습관으로부터 벗어나는 것은 힘들다. 습관이란 한번 몸에 익으면 바꾸기 어렵다. 성공을 원한다면 자신의 습관에 대해서 한번쯤 신중하게 생각하고, 만약 나쁜 습관이 있다면 고쳐야 한다. 나쁜 습관 때문에 결국 당신의 삶을 망칠 수도 있기 때문이다.

039

실패를 두려워하지 마라

실패를 딛고 일어선 자만이
성공을 자신의 것으로 만든다

고민은 어떤 일을 시작했기 때문에 생기기보다는 일을 할까 말까 망설일 때 더 많이 생긴다. 성공하고 못하고는 하늘에 맡겨두는 게 좋다. 모든 일은 망설이기보다는 불완전한 채로 시작하는 것이 한 걸음 앞서는 것이 된다. 재능 있는 사람이 이따금 무능하게 되는 것은 성격이 우유부단하기 때문이다. 망설이기보다는 차라리 실패를 선택하라.

-B. 러셀

링컨은 청년 시절에 선거에 출마했다가 참패를 당한 적이 있다. 그 다음 그는 사업을 시작했다가 불성실한 동업자 때문에 17년간 돈을 벌어서 빚을 갚아야 했다. 그는 우아한 여성과 사랑을 하고 약혼까지 했지만 그녀는 얼마 후에 죽었다. 그는 그에게 계속 짐이 되어 온 여성과 결혼했다. 그는 다시 국회의원에 출마했다가 또 다시 참패를 당했다. 또 그는 상원의원에 출마했다가 낙선했다.

1856년에 그는 부통령 후보가 되었지만 부통령에 당선되지 못했다. 1858년에 그는 또 다시 참패를 당했다. 그는 실패를 거듭했다. 지독한 실패를 거듭했다. 그는 크나큰 역경들을 경험했다.

그러나 그는 이 모든 실패에도 불구하고 포기하지 않고 계속 노력했기 때문에 대통령이 될 수 있었다.

실패 없이 성공할 수 있다는 생각처럼 어리석은 생각은 없다. 실패는 성공으로 가기 위한 과정이다. 때문에 실패를 한 후에 절망하고 포기하면 아무것도 이룰 수 없다.

비록 실패를 했더라도 인내와 끈기를 가지고 자신의 목표를 향하여 정진한다면 결국 성공하게 된다.

040

똑똑한 바보가 되지 마라

똑똑하다고 다
성공하는 것은 아니다

어떤 사람이 현명한 사람인가?

모든 것에서 무엇인가를 배우는 사람이다.

어떤 사람이 강한 사람인가?

자기를 억제하는 사람이다.

어떤 사람이 부자인가?

자기의 분수에 만족하고 있는 사람이다.

-탈무드

A라는 친구가 있었다. 그는 전형적인 수재였다. 그는 별로 노력하지 않아도 성적이 좋았고, 같이 공부를 한 사람들도 그를 성공할 가능성이 가장 많은 사람이라고 생각했다. 그는 졸업할 때 자신이 원하는 직장을 골라잡을 수 있었다. 그는 큰 증권회사 영업부에 입사했고 일을 잘 해냈다. 그러나 곧 슬럼프에 빠졌고 다른 회사로 옮겼다. 그러나 그 회사에서도 슬럼

프에 빠졌다. 영업업무에 싫증이 난 그는 관리업무를 해보았지만 결과는 마찬가지였다. 촉망받던 수재인 그의 삶은 용두사미로 끝났다. 지금 그는 또 다른 증권회사에서 영업업무를 하면서 자기가 왜 일을 제대로 하지 못하는지 의아하게 생각하고 있다.

B라는 친구가 있었다. 그는 어디에서나 볼 수 있는 평범한 사람이었다. 그 자신도 자신이 평범한 사람이라고 생각하는 사람 중 하나였다. 그는 대학을 졸업한 후에 힘들게 직장을 잡았다. 그는 그곳에서 일을 잘했다. 그리고 뜻밖에 그는 프로젝트의 팀장이 되어 다른 파트의 쟁쟁한 팀장들과 함께 일하게 되었다. 처음에는 몹시 겁이 났지만 성공한 사람들과 사귀게 되면서 그는 한 가지 사실을 깨닫게 되었다.

'그들도 나와 마찬가지로 천재는 아니었다. 그들은 평범했지만 목표를 높게 세우고 그 목표를 달성할 방법을 찾아낸 사람들이었다.'

그는 또 한 가지 사실을 깨달았다.

'다른 보통 사람들이 큰 꿈을 가질 수 있다면 나도 그런 꿈을 가질 수 있다'

그는 지금 독립을 하여 회사를 운영하고 있다.

B라는 친구와 같이 평범한 사람들이 수재였던 A와 같은 친구보다

훨씬 더 많은 일을 성취하는 이유는 무엇일까?

　　루스벨트 대통령은 이런 말을 했다.

　　"성공한 보통 사람은 천재가 아니다. 그들은 평범한 자질을 가지고 있을 뿐이지만 그 평범한 자질을 비범한 수준으로 발전시킨 사람들이다."

　　머리 좋고 똑똑한 사람이라고 다 성공하는 것은 아니다. 그리고 머리 나쁘고 똑똑하지 않다고 해서 다 성공 못하는 것도 아니다. 성공은 자신이 가진 재능을 어떻게 발전시키고 개발하느냐에 달린 것이다.

041

사물의 진정한 가치를 모르는 사람이 되지 마라

보석의 가치는
아는 사람만 알 수 있다

인간의 가치는 그 사람이 소유하는 진리에 의해 측정될 수 없으며, 그 진
리의 파악을 위해 그 사람이 기울인 노력과 고통에 의해 측정된다.

−레싱

사람의 진정한 가치를 알고 싶었던 한 청년이 현자에게 찾아가 물었다.

"사람의 가치는 과연 얼마나 되는 것입니까?"

청년의 물음에 현자는 잠시 생각하더니 서랍 속에서 보석 하나를 꺼내 주
며 말했다.

"이 보석을 갖고 시장에 가서 값을 물어보시오. 단, 팔지는 말고 이곳저
곳을 돌며 값만 물어보시오."

청년은 그의 말대로 시장에 나가 보석의 값을 물어보았다. 먼저 과일가게
에 들렀더니 그 주인이 5천 원이라고 했다. 가짜라고 생각했기 때문이다.

다음에 들른 채소가게에서는 만 원이라고 했고, 철물가게에서는 3만 원

이라고 했다.

청년은 이런 방법으로 시장 곳곳을 돌며 그 값을 물어보았다. 그 값은 제각기 달랐지만 그래도 별 차이가 있는 것은 아니었다. 마지막으로 보석가게에 들렀다. 그러자 그 보석을 감정하던 보석상이 놀라며 이렇게 말하는 것이었다.

"솔직하게 말하겠습니다. 이 보석은 참으로 귀한 것이어서 돈으로 그 가치를 대신할 수 없을 정도입니다. 원하는 금액을 모두 줄테니 이 보석을 저에게 파시지 않겠습니까?"

물론 청년은 그 보석을 팔지 않았다. 그리고 현자에게 돌아와 그 동안의 일들을 그대로 얘기했다.

현자가 말했다.

"이것은 정말 귀한 보석이오. 그럼에도 불구하고 어떤 사람은 5천 원이나 만 원의 가치로 보고, 또 어떤 사람은 무한대의 가치로 보는 것이오. 그것은 곧, 아무리 훌륭한 가치를 지녔다 해도 보는 사람에 따라 얼마든지 다른 가치가 생겨난다는 얘기인 것이오. 사람의 가치도 이와 다를 게 없소. 그 사람을 평가하는 사람에 따라 얼마든지 그 가치가 달라질 수 있는 것이오. 그러나 그보다 더 중요한 사실이 있소. 그것은 자기 자신을 열심히

갈고 다듬어 진짜 보석 같은 사람이 되는 일이오. 열심히 갈고 닦으면 누구나 다 보석 같은 사람이 될 수 있기 때문이오."

같은 보석을 가지고도 이렇게 가치가 달라진다. 어떤 것의 가치는, 그것의 가치를 알 수 있는 사람만이 알 수 있는 것이다. 가치를 모르는 사람은 귀한 보석을 주어도 진정한 가치를 알 수 없다.

자신에게 필요한 지혜의 가치도 자신이 그 가치를 알 수 있을 때, 자신의 것이 될 수 있다. 이 세상을 열린 눈으로 보고 마음을 열어놓았을 때, 지혜의 진정한 가치를 깨달을 수 있다.

042

지나친 욕심을 부리지 마라

과도한 욕심은
자신의 삶을 망치게 한다

우리를 고통스럽고 힘들게 하는 세 가지 유혹이 있다.

첫째는 성적 욕망이요, 둘째는 자만심이요, 셋째는 부에 대한 턱없는 욕망이다. 인간의 모든 불행은 이 세 가지 탐욕에서 비롯된다. 그런 욕망만 없다면 인간은 행복하게 살 것이다. 하지만 이런 욕망에 병든 우리들이 그 욕망을 없앨 수 있겠는가?

열심히 일하고 자신을 단련시키는 길밖에 없다. 이것이 유일한 해결책이다. 이 세계는 오직 마음을 갈고 닦음으로써 개선될 것이다.

―라메네

한 농부가 있었다. 그는 부지런히 일해 제법 넓은 농지를 갖게 되었다. 하지만 농지가 넓어질수록 그는 더 많은 땅을 소유하고 싶은 욕심에 괴로움을 느끼게 되었다. 그러던 어느 날 우연찮게 일정액의 돈을 내면 자기가 소유하고 싶은 만큼의 땅을 가질 수 있는 곳이 있다는 소식을 듣게 되었다. 농부는 서둘러 자신이 가진 땅을 모두 팔아 그곳으로 갔다. 과연 그곳엔 끝이 보이지 않을 정도로 광활한 평야가 펼쳐져 있었다.

그 넓은 땅의 주인이 농부에게 말했다.

"당신이 하루 종일 걸어 다닌 만큼의 토지를 소유할 수 있소. 단, 해가 지기 전에 출발점으로 돌아와야 합니다. 이 약속을 지키지 않으면 단 한 평의 땅도 소유할 수 없습니다.

농부는 미친 듯 중얼거리며 마라톤 선수처럼 광야를 질주하기 시작했다.

"내 땅……, 해가 지기 전에……."

그는 많은 땅을 차지할 욕심에 단 한 순간도 쉴 수가 없었다. 태양이 막 대지에 얼굴을 묻을 무렵, 그는 출발점에 도착했으나 결국 쓰러져 죽고 말았다.

인간의 탐욕은 끝이 없다. 그 탐욕의 종점에는 불행이 기다리고 있을 뿐인데도. 탐욕을 조절하지 못하면 이 우화에 나오는 농부처럼 결국 자신의 삶을 파멸시키고 만다. 야망을 가지고 그것에 도전하는 것은 좋으나 그 야망이 너무 지나쳐 과도한 탐욕이 되면, 자신의 삶을 비탈길을 내려오는 브레이크가 고장난 차처럼 만들 뿐이다.

자신의 마음을 조절할 줄 아는 사람이 되어야 한다. 자신의 마음을 조절하지 못하는 사람은 결국 자신의 삶을 망치고 만다.

043

유행의 노예가 되지 마라

오늘 유행에 지배당하면
내일도 유행만을 좇게 된다

못난 사람일수록 잘되면 자만심으로 부풀어오르고 역경에 처하면 더 쉽게 자멸한다.

―에피쿠로스

경제사에 보면 '마니아(mania)'라는 이상현상을 가리키는 말이 있다. 1630년대 네덜란드의 '튤립 마니아(Tulip Mania)'가 가장 유명한 사건이다. 이 사건은 1593년에 터키로부터 이국적인 화초가 소개되면서 시작되었다. 네덜란드인들은 이 화초가 소개되자 곧 누구나 관심을 갖게 되어 비싼 값에 거래되기 시작했다. 이 튤립의 가격상승에 결정적인 불을 당긴 것이 모자이크 바이러스인데, 이 바이러스에 감염된 튤립은 꽃잎에 여러 가지 화려한 색깔의 무늬를 띠었다. 곧 이러한 무늬를 띤 튤립은 귀족, 평민을 가리지 않고 크게 유행해, 마치 요즘의 패션 쇼에서와 같이 튤립 재배업자들은 다음 해에 유행할 종류를 예측하기도 했다. 이에 따라 튤립을

매점매석하는 사태도 벌어져 그 값은 천정부지로 오르기 시작했는데, 이러한 현상은 1634~38년 사이에 극에 달했다.

당시 사람들은 더 많은 돈을 벌기 위해 자신의 귀금속이나 부동산을 팔아 튤립에 투자하는 사태까지 벌어졌다. 하지만 얼마 지나지 않아 이성을 되찾은 사람들은 튤립의 가격이 너무 비싸졌다는 것을 깨닫고 튤립을 팔기 시작했으며 곧이어 다른 사람들이 이를 뒤따르게 되었다. 이에 따른 가격 폭락을 막고자 네덜란드 정부는 튤립 가격이 하락할 아무 이유가 없다는 공식발표까지 했지만 대세를 되돌리지는 못했으며 마침내 튤립의 가격은 다른 화초와 거의 다름없을 정도로 떨어지게 되었다.

제대로 성공하고 부자가 되려면, 우선 유행에 민감한 생활습관부터 고쳐야 한다. 유행을 따라서 성공한 사람은 없다. 성공한 사람들은 유행을 만들어 낸 사람들이다. 성공을 원한다면 자신이 꾸준히 준비해 온 일들을 그 시대의 유행으로 만들 줄 알아야 한다. 내가 유행의 지배자가 되느냐 종속되느냐에 따라 성공과 실패가 결정된다.

044

잃어버린 것에 집착하지 마라

신발 한 짝을 잃어버렸다면
남은 신발 한 짝도 버려라

용기에는 공격하는 용기가 있고 포용하는 용기가 있다. 전자는 살륙자가
되기 쉽지만, 후자는 위대한 일을 성취한다. 비겁한 이는 잔인하지만, 용기
있는 이는 자비를 사랑한다. 용기를 잃는 것은 보상을 받을 수 없는 손실
이다.

－에머슨

간디가 기차에 올라탔다. 마침 기차는 막 출발하려고 하였다. 그때 간디
의 신발 한 짝이 벗겨져 떨어졌다. 기차가 이미 움직이고 있었기 때문에
간디는 그 신발을 주울 수가 없었다. 그러자 간디는 얼른 나머지 신발 한
짝을 벗어 그 옆에 던졌다. 함께 동행하던 사람들은 간디의 그런 행동에
놀라지 않을 수 없었다. 이유를 묻는 한 사람의 질문에 간디는 말했다.
"지나가던 가난한 사람이 바닥에 떨어진 신발 한 짝을 주웠다고 상상해
보십시오. 그에게는 그것이 아무런 쓸모가 없을 것입니다. 하지만 이제는

나머지 한 짝마저 갖게 되지 않았습니까?"

살다 보면 간디의 신발 한 짝처럼 자신에게 쓸모없는 것들도 많지만 그것을 남을 위해 주기는 쉽지 않다. 잃어버린 신발 한 짝에 대한 미련 때문에 자신에게 필요도 없는 나머지 신발 한 짝에 집착하는 사람들이 많다. 그러나 잃어버린 신발 한 짝에 대한 미련은 자신의 발전을 저해할 것이고 또한 남은 신발 한 짝에 대한 집착은 자신의 성장을 방해할 것이다.

당신에겐 필요없는 것이지만 누군가는 그것을 필요로 할 수도 있다. 자신에게 쓸모없는 것들을 과감하게 털어버릴 수 있을 때 성장과 발전을 거듭할 수 있다.

누군가에게 하나를 베푸는 일은 곧 자신에게 열을 베푸는 것과 같다.

045

절망 속에서도 희망을 버리지 마라

오늘 희망의 끈을 놓지 않으면
내일 그 희망이 현실이 된다

아직 나타나지 않은 불확실한 일에 대해 미리 걱정하지 마라. 그것은 심신의 에너지를 소모하고 오늘 할 일에 지장이 될 뿐이다. 공상이나 또는 앞으로 일어날 불확실한 일에 대한 걱정들을 떨쳐버린다면 현실적으로 걱정할 만한 일은 그다지 많지 않다. 걱정의 99%는 오늘의 일이라기보다는 미래의 일이다. 걱정해도 소용없는 일로부터 자기를 해방시켜라. 그것이 마음의 평화를 얻는 가장 쉬운 길이다.

—카네기

한 유태인이 있었다. 그는 제2차세계대전 중에 독일의 강제수용소에 갇혀 가혹한 대우를 받았다. 그는 수용소 안에서 자신의 집이 파괴되고 가족은 모두 죽었다는 소식을 전해 들었다. 전쟁이 막바지에 이를수록 그에게 맡겨진 작업량은 점점 더 늘어났으며 식량의 배급은 점점 더 줄어들었다. 그도 다른 유태인들과 마찬가지로 죽을 운명에 놓이게 되었다.

그러나 그는 그런 어려운 상황에서도 자신의 소망을 포기하지 않았다.

그는 늘 마음속으로 다짐했다.

'나는 미국으로 갈 거야. 뉴욕에서 새로운 삶을 개척할 거야'

그리고 마침내 그에게 탈출의 기회가 찾아왔다. 그는 기 기회를 놓치지 않고 탈출했다. 그는 죽음의 고비를 넘기며 폴란드로 탈출할 수 있었다. 그리고 친구의 도움을 받아 스위스로, 다시 캘리포니아 출신의 미국인을 알게 되어 미국의 뉴욕으로 가게 되었다.

그는 수용소에서 상상한 것처럼 뉴욕의 거리를 산책했고, 가게에 들러 쇼핑을 했으며, 버스를 타거나 레스토랑에서 식사도 하였고, 차를 타고 드라이브를 다녔다. 결국 그의 상상은 현실이 되었다.

만약 그가 자신의 상황을 절망적으로 받아들여 아무런 노력도 하지 않았다면 결국 다른 유태인들이 그러했듯이 강제수용소에서 죽었을 것이다. 그러나 그는 절망적인 상황 속에서도 포기하지 않고 자신의 소망을 실천했기에 결국 뜻을 이룰 수가 있었다.

절망적인 상황 속에서도 자신의 소망을 포기하지 않고 실천에 옮긴다면 기적은 이루어질 수 있다. 어떤 어려운 상황이 닥치더라도 자신의 소망을 포기하지 않는 것, 또 그 소망을 이루기 위해 인내를 가지고 끊임없이 노력하는 것, 이것이 꿈을 현실로 만드는 키워드이다.

046

책을 그대로 믿는 어리석은 사람이 되지 마라

합리적인 판단과 경험을 바탕으로
진리의 참가치를 알아야 한다

남에게서 주입된 진리는 단지 우리들의 외면에 붙어 있을 뿐이다. 그것은

인공적인 갈빗대이다. 의치와 같은 것이다. 자기 자신의 사색으로 얻은 진

리는 참된 갈빗대이다. 오직 그것만이 실제에 있어서 우리들에게 속하고

있는 것이다.

－쇼펜하우어

옛날에 왕수라는 사람이 있었다. 그는 무거운 책을 메고 길을 떠나서 주나

라의 서울로 향했다. 그는 길을 가던 도중에 서풍이라는 사람을 만났다.

그가 왕수에게 말했다.

"모든 사건은 사람의 조작이며 또 그 조작은 그때그때의 경우에 따라서

행해지기 때문에 지혜를 안다는 것은 정해진 위치를 아는 것이 아니오.

또 책이라는 것은 남의 말이며 말이라 하는 것은 사람의 지혜에서 생기는

것이니 지혜로운 자는 책에만 의존하는 것이 아니오. 그런데 당신은 어찌

자고 책을 둘러메고 다니는가?"

이 말을 들은 왕수는 진리를 얻어 책을 불사르고 홀가분한 마음이 되었다.

위에 있는 이야기처럼 진리는 책에만 있는 것이 아니다. 진리는 단순히 책 속에 있지 않다. 진리는 자기 자신이 스스로 찾아내야 한다. 책 속의 말을 그대로 믿지 마라. 진실로 지혜로운 자는 책을 보되 그 책을 전적으로 믿지 않고 의심하고, 합리적으로 판단해 보고, 지금까지 살아온 경험으로 판단한다. 그리하여 지혜로운 지식을 축적해 나가고 이것들이 엮어져서 진리를 찾아낼 수 있는 것이다.

047

실천하기를 망설이지 마라

어떤 행동도 하지 않으면
얻을 수 있는 것은 아무것도 없다

수레를 뒤엎는 사나운 말도 길만 들이면 부릴 수 있으며, 다루기 힘든 쇠
도 잘 다루면 마침내 좋은 기물을 만들 수 있다. 사람이 태평하고 한가롭
게 놀기만 하면서 분발하지 않으면 평생을 두고 아무런 진보도 없으리라.

–채근담

그는 자기가 다른 사람들과는 다르기 때문에 함께 처형당하는 것이 억울
하다고 생각했다. 다른 사람들은 모두 저항운동에 가담했다가 잡혀 왔으
니까 처형당하는 것이 마땅했지만, 자기는 장사나 하고 돈이나 벌며 조용
히 살아온 죄밖에 없었다. 그는 저항운동과는 아무런 관계가 없었으며,
저항운동에 아무런 관심도 없었다. 그는 자신이 너무 억울하게 처형을 당
하게 됐다고 큰 소리로 외쳐댔다.

"나는 아무것도 하지 않았다! 나는 저항운동을 한 일이 없다. 그런데 내가
왜 이렇게 억울하게 죽임을 당해야 한단 말인가?"

2. 능력을 과신하지 마라

오래 전 우리나라에 소개되었던 영화 '로베레 장군'에 나온 인상 깊은 장면이다. 나치에 저항했던 많은 저항운동가들이 감옥에서 처형당할 때, 저항운동에 참여한 적이 없으면서 잡혀 온 한 사나이가 처형을 앞두고 대단히 억울해 하는 모습이다. 이때 순순히 처형을 기다리고 있던 한 남자가 말했다.

"아무것도 하지 않았다는 것, 그것이 바로 당신이 죽어 마땅한 죄목이오. 전쟁은 5년 동안이나 계속되었소. 수백만 명이 피를 흘렸고 수많은 도시들이 파괴당했소. 조국과 민족이 멸망 직전에 놓여 있소. 그런데도 당신은 왜 아무 일도 하지 않았단 말이오!"

위기의 상황에 처하면 사람들은 저마다 살아남기 위한 방법을 찾는다. 하지만 그 방법이 오직 자신만을 위한 것이라면 언젠가는 그 대가를 치르게 된다. 위의 저항운동가의 말은 우리에게 많은 걸 생각하게 한다. 삶의 목표가 단순히 생명부지가 아니라면, 자신에게 위기가 닥쳤을 때, 극복하기 위해서는 목숨이라도 걸 수 있는 것이 참 삶일 것이다.

048

돈에 지배당하지 마라

오늘 자신을 헐값에 팔면
내일도 돈으로부터 벗어나지 못한다

돈으로 여러 가지 씨앗을 살 수는 있다. 그러나 농부의 의욕을 살 수는 없다.

돈으로 음식물을 살 수는 있다. 그러나 식욕을 살 수는 없다.

돈으로 약을 살 수는 있다. 그러나 건강을 살 수는 없다.

돈으로 일꾼을 살 수는 있다. 그러나 친구를 살 수는 없다.

돈으로 노예를 살 수는 있다. 그러나 충성스러운 종을 살 수는 없다.

돈으로 일락의 날들을 살 수는 있다. 그러나 행복을 살 수는 없다.

-헨리 입센

어떤 기자가 미국의 대부호 록펠러의 딸에게 물었다.

"모든 사람들이 부러워하는 상류층에 속해 있는데 남들이 부러워하는 만

큼 당신은 행복하십니까?"

그러자 록펠러의 딸이 기자에게 대답했다.

"상류층이라고 해서 행복하다구요?"

2. 능력을 과신하지 마라

"그럼 행복하지 않습니까?"

잠시 한숨을 쉬고 나서 록펠러의 딸이 기자에게 말했다.

"돈으로 행복을 살 수 있을까요? 우리를 불행하게 하는 많은 것들 중에 돈으로 해결할 수 있는 일이 얼마나 될까요? 다른 사람들이 부러워할 정도로 나는 행복하지 않아요. 나를 부러워하는 많은 사람들이 이 사실을 알았으면 좋겠어요."

상류층의 엄살이 섞인 일화일지도 모른다. 그러나 돈만으로는 해결할 수 없는 일들이 많다. 누가 어떻게 돈으로 단란한 가정의 웃음을 살 수 있을까? 누가 어떻게 돈으로 생명을 살 수 있을까?

그렇다고 해서 돈이 무용지물이라는 것이 아니다. 돈은 꼭 필요하고 행복을 이루기 위한 수단이다. 그러나 주객이 전도되어서 행복을 잃어가면서 돈을 벌기 위해 아둥바둥하는 삶은 버려야 한다. 돈이 모든 행복을 가져다주지는 않는다.

살아가면서 돈은 꼭 필요하다. 그러나 돈이라는 것은 생활을 풍요롭게 해주고 삶의 행복을 이루기 위한 하나의 수단이지 돈의 축적 자체가 행복은 아니다. 많은 사람들이 돈의 노예가 되어 돈으로 인해 불행해진다. 돈은 많으면 많을수록 좋은 것이지만 돈이 인생의 목적이 되어버리는 것만큼 어리석은 일도 없다.

049

당신을 둘러싼 환경의 노예가 되지 마라

깨어있는 눈으로 사물을 보고
생각하려는 마음이 중요하다

사람들은 항상 그들의 현 위치는 그들의 환경 때문이라고 탓한다. 나는 환경을 믿지 않는다. 이 세상에서 출세한 사람들은 자리에서 일어나 그들이 원하는 환경을 찾은 사람들이다. 그리고 원하는 환경을 찾지 못할 경우에는 그들이 원하는 환경을 만든다.

-조지 버나드 쇼

과학의 거인이라 불릴 만큼 세계 역사에서 위대한 과학자로 손꼽히는 아인슈타인은 과학적 업적뿐만 아니라 인간적으로도 배울 점이 많은 사람이었다. 어느 날 기자가 그를 찾아왔다. 이런저런 질문을 하던 기자는 위대한 물리학자인 그의 실험실을 꼭 한번 보고 싶다고 했다.

"제 실험실은 별로 보여드릴 게 없습니다만……."

아인슈타인이 말했지만 기자는 그의 실험실을 보고 싶다고 졸랐다. 그는 세계적인 과학자의 실험실이 아주 굉장할 것이라고 생각했다. 그는 첨단

과학장비들로 가득 찬 실험실을 상상하면서 잔뜩 기대하고 있었다. 그런데 그 순간 아인슈타인은 자신의 주머니에서 만년필을 꺼내는 것이었다. 그리고는 웃으며 말했다.

"실험실은 여기 있습니다."

기자는 몹시 당황했다. 하지만 침착하게 다시 물었다.

"그러면 과학장비 중에서 가장 중요한 것이 무엇인지 보여주십시오."

그러자 아인슈타인은 옆에 있던 휴지통을 가리켰다.

기자가 어안이 벙벙한 표정으로 바라보자 아인슈타인이 웃으며 대답했다.

"나는 머릿속에 뭔가가 떠오를 때면 그때마다 잊어버리지 않도록 만년필로 메모를 하고 골똘하게 생각합니다. 그러니 연구를 위해 따로 잘 차려진 실험실이 필요하진 않지요. 단지 내겐 그것을 적고 계산할 수 있는 만년필과 필요없는 메모지를 버릴 수 있는 휴지통만 있으면 됩니다."

사람들은 어떤 일을 하다가 제대로 되지 않으면 환경을 탓하곤 한다. 그러나 중요한 것은 주변의 환경이 아니다. 더 중요한 것은 깨어있는 눈으로 사물을 보고 더 깊이 생각하려는 마음과 의지이다.

자신의 주변환경이 성장에 영향을 주는 것은 맞지만 그것만이 전부가 아니다. 주변환경도 중요하지만 더 중요한 것은 자기 자신의 성장하려고 하는 강렬한 의지인 것이다.

050
너무 융통성이 없으면 일을 망친다
너무 깨끗한 물에는
고기가 살지 못한다

절대적으로 가장 좋은 방법이라는 것은 없는 법이니, 때와 경우에 따라서
방법을 달리 할 수도 있어야 한다. 그러나 사람들은 자신의 방법에 애착이
심해 그 테두리에서 쉽게 벗어나지 못한다.

－몽테뉴

후한 시대 초엽, 《한서》의 저자로 유명한 반고의 동생 반초라는 무장이
있었다. 반초는 2대 황제인 명제 때 지금의 신강성 타림 분지의 동쪽에
있던 선선국에 사신으로 다녀오는 등 끊임없이 활약한 끝에 서쪽 오랑캐
땅의 50여 나라를 복속시켜 한나라의 위세를 크게 떨쳤다. 그는 그 공으
로 4대 황제 때인 영원3년에 지금의 신강성 위구르 자치구의 고차에 설
치되었던 서역도호부의 도호가 되어 정원후에 봉해졌다. 도호의 직책은
한나라의 도읍 낙양에 왕자를 인질로 보내 복속을 맹세한 서역 50여 나
라를 감독, 사찰하여 이반을 방지하는 것이었다. 영원14년, 반초가 별다

른 실수 없이 소임을 다하고 귀국하자 후임 도호로 임명된 임상이 부임 인사차 찾아와서 이런 질문을 했다.

"서역을 다스리는 데 유의할 점은 무엇입니까?"

반초는 이렇게 대답했다.

"자네 성격이 너무 결백하고 조급한 것 같아 그게 걱정이네. 원래 물이 너무 맑으면 큰 물고기는 살지 않는 법이야. 마찬가지로 정치도 너무 엄하게 서두르면 아무도 따라오지 않네. 그러니 사소한 일을 덮어두고 대범하게 다스리도록 하게나."

임상은 반초의 말을 귀담아 듣지 않았다. 기대와 달리 그의 이야기가 너무 평범했기 때문이었다. 임지에 부임한 임상은 반초의 조언을 무시하고 자기 소신대로 다스렸다. 그 결과 부임 5년 후인 6대 안제 때 서역 50여 나라는 모두 한나라를 배반하고 말았다. 서역도호부도 폐지되었다.

위에 있는 이야기처럼 너무 물이 맑으면 고기가 살지 못한다. 인간관계도 마찬가지다. 인간관계에서도 너무 원리원칙만 내세우고 융통성이 없으면 그런 사람 주변에는 사람이 모이지 않는다.

사람이 모이지 않으면 어떤 일을 도모하기가 어렵다. 어떤 일을 도모하고자 할 때는 너무 원리원칙에만 매달리지 말고 융통성을 발휘하여 사람들을 끌어안을 수 있는 포용력도 겸비해야 한다.

051

보이는 것만으로 판단을 내리지 마라

사물의 겉모습만을 보고 함부로 판단을 내리지 마라

모든 사람들이 한결같이 싫어하더라도 세상의 여론을 믿지 말고, 그 진상을 충분히 살펴야 한다. 또 모든 사람들이 한결같이 좋다고 하더라도 그대로 믿지 말고 그 진상을 반드시 살펴야 한다.

−논어

푸에르토리코 국립미술관에는 푸른 수의를 입은 노인이 젊은 여자의 젖을 빠는 '노인과 여인'이라는 작품이 걸려 있다. 방문객들은 노인과 젊은 여자의 부자유스러운 애정행각을 그린 이 작품에 불쾌한 감정을 표출한다. …중략… 그러나 푸른 수의를 입은 노인은 분명히 젊은 여인의 아버지다. 커다란 젖가슴을 고스란히 드러내 놓고 있는 여인은 노인의 딸이다. 이 노인은 푸에르토리코의 자유와 독립을 위해 싸운 투사였다. 독재정권은 노인을 체포해 감옥에 넣고 가장 잔인한 형벌을 내렸다. '음식물 투입 금지'라는. 노인은 감옥에서 서서히 굶어 죽어갔다. 딸은 해산한 지

며칠 지나지 않은 몸으로 감옥을 찾았다. 아버지의 임종을 보기 위해서였다. 뼈만 앙상하게 남은 아버지를 바라보는 딸의 눈에 핏발이 섰다. 마지막 숨을 헐떡이는 아버지 앞에서 무엇이 부끄러운가. 여인은 아버지를 위해 가슴을 풀었다. 그리고 불은 젖을 아버지의 입에 물렸다.

'노인과 여인'은 부녀간의 사랑과 헌신과 애국심이 담긴 숭고한 작품이다. 푸에르토리코 사람들은 이 그림을 민족혼이 담긴 '최고의 예술품'으로 자랑하고 있다. 동일한 그림을 놓고 사람들은 '포르노'라고 비하하기도 하고 성화라고 격찬하기도 한다. '노인과 여인'에 깃든 이야기를 모르는 사람들은 비난을 서슴지 않는다. 그러나 그림 속에 담긴 사연을 알고 나면 눈물을 글썽이며 명화를 감상한다. 사람들은 가끔 어떤 사건에 숨어 있는 사연을 파악하지도 않고 비난의 화살을 쏘아대는 우를 범한다.

－이 글은 인터넷의 어떤 사이트에서 보았던 글이다.
좋은 메시지를 전하는 글이기에 다시 한번 인용했다.

사물의 겉모습만을 보고 자기 마음대로 판단을 내리는 것은 평범한 사람들이 범하기 쉬운 나쁜 습관이다. 이런 우를 범하지 않기 위해서는 신중하고, 깊이 있게 생각하는 습관을 가져야 한다. 단순히 보이는 것만으로 판단하지 않고, 전후사정을 알아보고 또 그 속에 담긴 메시지들을 알아보고 나서 판단해도 당신에겐 아무런 해가 없다.

052
어리석게 부지런하지 마라
비합리적이고 비실용적인 부지런함은
당신의 삶에 멍에가 될 뿐이다

인간의 모든 불행은 오직 한 가지, 고요한 방에 들어앉아 휴식할 줄 모른

다는 데서 비롯된다.

-파스칼

A라는 친구가 있다. 그는 부지런하고 성실한 사람이었고 무엇을 해도 열

심히 했고 몸을 아끼지 않았다. 그런 그가 성공해야 하는 것은 당연한 것

이 아닌가? 그러나 그의 삶은 고단했다. 잘 다니던 회사가 하루아침에 부

도가 나 파산하고 근무하던 부서가 없어져 본의 아니게 실업자가 되기도

했다. 그것이 그의 삶을 고단하게 했다고 말할 수도 있지만 그것이 전부

라고 설명할 수는 없다. 분명 이유가 있을 것이다.

그에게는 지나친 부지런함이 있었다. 그는 친척, 선배, 후배, 친구, 가정

의 대소사에도 모두 쫓아다녔고 집안의 대소사도 그의 몫이었다. 그가 천

성적으로 부지런했기에 사람들은 그것을 당연하게 생각했다. 자기는 오

지도 않았지만 멀리 떨어진 지방의 결혼식에도 그를 불렀고 그는 기꺼이 응했다. 또 그는 어떤 모임이든지 갈 수만 있다면 참석했다. 인맥을 넓히고 대인관계를 원활하게 하려는 것은 좋았지만 이로 인해 인간관계에 마이너스적인 요소를 가지게 되었다. 잘 참석하지 않는 사람은 그러려니 하고 넘어갔지만 그가 참석하지 않으면 무수한 힐난의 화살이 쏟아졌기 때문이다.

그는 과도한 부지런함 때문에 휴일인 오늘도 쉬지 못하고, 자신을 업그레이드할 시간도 갖지 못한 채 시달리고 있다. 그리고 집안의 대소사로 인해 골머리를 앓고 있다. 이러니 당연히 삶이 고단해지지 않겠는가? 지나친 경비지출 때문에 그는 몇 년 동안 제대로 된 옷 한 벌 사 입지 못했다.

그가 지금이라도 깨닫기를 바란다. 너무 지나친 부지런함으로 인하여 자신의 삶을 힘들게 하고 있다는 것을. 지나친 게으름도 경계해야 되지만 이런 개념 없는 부지런함에서도 빨리 벗어나야 한다. 실용적인 삶을 위해서는 합리적으로 생각하고 행동할 필요가 있다.

053

선배들의 말을 건성으로 듣지 마라

좋은 격언들을 소중하게 여길 때
내일의 삶이 풍요로워진다

그대를 괴롭히고 슬프게 하는 일들을 시험이라고 생각하라. 쇠는 불에 달구어야 강해진다. 그대도 지금 당하고 있는 시련을 통해서 더욱 마음이 굳세질 것이다.

-M. 아우렐리우스

미국의 대통령 클린턴은 초등학교 시절 '무척 떠드는 아이'로 정평이 나 있었다. 어느 날 시험을 본 후 그의 담임 캐슬린 쉐어는 공동 1등이었던 클린턴을 3등으로 깎아내렸다고 한다. 그런 다음 선생님은 "이 상황은 네게 부여된 거야. 이 상황을 불평하든 이용하든 그것은 너에게 달렸어. 네가 커서 주지사가 될 것인지 범죄자가 될 것인지 이 선생님은 알 수 없어. 네가 헤쳐 가."라고 말했다고 한다.

쉐어 선생님은 가난한 학생들에게 "너희들은 뭔가 중요한 일을 하게 될 거야."라고 확신시키고 "훌륭한 사람이 되려면 능력을 개발하는 것도 중요하지만 착한 심성을 가져야 한다."고 말했다고 한다. 또 규칙을 어기는 학생들에게는 스스로 이름을 적어 내도록 했다. 그리고 학생들도 모두 이를 따랐다. 쉐어 선생님은 학생들에게 끊임없는 기대와 믿음을 주었다. 클린턴의 초등학교 성적은 '성적 우수, 행동 향상이 필요함' 이었다.

클린턴은 대통령 직에서 퇴임한 후에 자신의 비도덕적인 과거사 때문에 여러 모로 시달렸다고 한다. 직무상의 능력에 의해 얻은 명성을 비도덕적인 행동으로 깎아버린 것이다. 그가 캐슬린 쉐어의 조언을 잊지 않았다면, 도덕성으로 비난받는 전직 대통령이 되지 않고 아마도 훌륭한 대통령으로 기억될 수 있었을 것이다. 그는 훌륭한 스승의 조언을 잊고 자신을 자제하지 못해 오점을 남긴 것이다.

우리 주변에는 자신의 독선을 지적해주고 조언해줄 많은 스승들이 있다. 과거의 위인들이 있고, 오늘의 영웅들이 있다. 그리고 대자연을 이루는 무수한 생명체들이 있다.

삶이 고단할 때나 자신의 신념이 흔들릴 때, 귀를 기울여보자. 당신의 위대한 스승들이 길을 가르쳐 줄 것이다.

054

자신의 모습을 왜곡시키지 마라

자신을 바로 볼 수 있을 때
당당한 사람이 될 수 있다

가난한 자의 아들이여! 가난하다고 스스로 얕보고 비웃지 마라. 가난함으로써 그대가 상속한 재산이 있는 것이다.

튼튼한 수족과 굳센 마음! 무슨 일이든 꺼리지 않고 할 수 있는 힘! 슬픔을 가슴에 품고 지그시 견디는 용기와 참을성! 작은 것도 고맙게 생각하는 마음과 곤란한 사람을 도울 줄 아는 상냥한 마음씨!

이것들은 왕도 상속받고 싶어 하는 그대의 재산이다. 그대가 가난하기 때문에 얻은 고귀한 재산임을 알아라.

　　　　　　　　　　　　　　　　　　　　　　　　-A. 로얼

"나는 누구인가?"

영화 '토탈리콜'의 주인공 크웨이드는 화성 반란군 지도자 쿠아토에게 이렇게 질문한다. 그러자 다음과 같이 대답한다.

"인간은 기억이 아니라 행동에 의해 정의된다. 당신이 하는 일이 바로 당

신이다.”

　지금 자신이 하고 있는 일이 자신의 모습이다. 과거에 자신이 어떤 모습이었거나 미래에 어떤 모습으로 변할지 모르지만, 지금 자신의 모습은 바로 자신이 하고 있는 일에 있는 것이다.

　사람들은 자기의 본모습을 보기를 두려워하는 경향이 있다. 너무나도 초라할 것 같은 자기의 본모습을 애써 보지 않으려고 한다. 그러나 현실을 회피하면 안 된다. 지금 당신이 하고 있는 일이 무엇인지, 그리고 어떤 의미를 가지고 있는 것인지 살펴보라. 그곳에 바로 당신의 모습이 있다.

　당신이 하고 있는 일과 그 일을 받아들이는 당신의 자세가 바로 당신이다.

　오늘 자신이 하는 일을 회피한다면 당신은 자신의 삶을 회피하는 사람에 불과하다. 당신이 자신의 운명의 주인으로 사는 길은 자신의 모습을 회피하지 않고, 자신에게 닥친 그 어떤 일이라도 당당하게, 그리고 꾸준하게 하면서 앞으로 밀고 나가는 것이다.

　세상에는 요행이 없다. 자신이 어떻게 세상을 살아 나가느냐에 따라 자신의 삶은 결정된다.

055

신념을 잃지 마라

오늘 신념을 잃어버리면
내일은 자유를 잃게 된다

신념을 가지는 데는 용기가 필요하다. 용기란 위험을 감수할 수 있는 능력
이다. 그것은 고통과 실망까지 받아들일 수 있는 준비를 말한다. 그러므로
위험이 닥친다 해서 두려워할 필요는 없다. 오히려 그때야말로 용기를 실
험할 수 있는 좋은 때이다. 용기의 축적으로 신념의 탑을 쌓아가자.

-E. 프롬

그대는 자유의 몸이니라. 그러니 그대가 원하는 곳이 있으면 어디든 갈
수 있으리라. 다시 돌아와도 무방할 것이며, 돌아오지 않더라도 상관없으
리. 만사가 그대의 마음 하나에 달렸나니.

-헤르만 헤세의 '시인'에서

누구나 자유의 몸이다. 대부분의 평범한 사람들이 자유롭지 못한
것은 그 누군가가 그를 구속하는 것이 아니라, 자기 자신 스스로가 자
신을 구속하는 경우가 대부분이다.

2. 능력을 과신하지 마라

누군가 진정 자유를 바라고 그것을 실천한다면, 이미 그는 그 생각에 따라 벌써 자유로운 몸이다. 세상 일이란 자신의 마음에 달려 있다. 어떻게 마음 먹느냐에 따라 세상은 지옥이 될 수도 있고, 천국이 될 수도 있다.

사람들은 자신이 원하는 바에 따라 세상 어디라도 갈 수 있으며 또 세상 어떤 것이라도 될 수 있다.

자신의 신념을 가지고, 그 신념에 따라 당신의 자유를 사용하라. 신념은 당신을 더욱 자유롭게 할 것이며, 자신이 원하는 세상에 도달할 수 있도록 인도해줄 것이다.

056

참된 보물의 가치를 모르는 사람이 되지 마라

헛된 보물만 찾으려는 사람은
결국 자신의 삶을 망친다

산 속에서 보물을 찾기 전에 먼저 자기 두 팔 안에 있는 보물을 충분히 이용하라. 두 손이 부지런하다면 그 속에서 많은 것이 샘솟듯 솟아 나올 것이다. 인간은 누구나 자기 두 손에 비상한 능력을 보유하고 있다. 자기의 능력을 제 때 발굴하여 나름대로 유용하게 이용하라.

-스탕달

아들 셋을 둔 농부가 있었습니다. 이 농부는 나이가 들어 죽을 때가 되자, 아들들을 불러놓고 유언을 했습니다.

"사랑하는 나의 아들들아. 내가 죽거들랑 포도밭을 파보아라. 내가 너희들에게 줄 것은 모두 거기에 있다."

이윽고 농부가 죽자 아들들은 아버지를 장사지냈습니다. 그리고는 아버지의 유언대로 땅을 파보았습니다. 땅 속에서 값진 보물이 나오리라고 생각했던 것이지요. 그러나 여기저기 파보았지만 감추어둔 보물은 찾을 수

가 없었습니다.

"안되겠다. 포도나무 뿌리만 건드리지 말고 더 깊이 파보자."

아들들은 이렇게 말하며 열심히 이곳저곳을 파보았지만 끝내 아무것도 찾지 못했습니다. 아들들은 몹시 실망했습니다. 그러나 이상하게도 그 해 포도농사는 배 이상의 수확을 올렸습니다. 그제야 아들들은 아버지의 깊은 뜻을 헤아렸습니다.

이 한 편의 이솝우화처럼 보물은 먼 데 있는 것이 아니다. 자신이 땀을 흘리는 그 곳에 보물이 숨겨져 있다. 그러나 이런 사실을 깨닫지 못하고 먼 곳의 보물만 찾아 삶을 낭비하는 사람은 결국 자신의 삶을 망치게 된다.

참된 보물을 찾고 싶거든 손수 땀을 흘려라. 보물은 바로 당신의 땀 속에 있다.

057

어려운 상황에 처했다 하더라도 비관하지 마라

위기는 운명을 개척할 수 있는 기회이기도 하다

폭풍의 들판에도 꽃이 피고, 지진 난 땅에도 샘이 있고, 초토 속에서도 풀은 솟아난다. 이같이 자연은 사랑과 생명으로 가득 차 있다. 우리는 어떠한 슬픔, 고난 속에서도 쓰러지지 말고, 사랑과 생명의 속삭임에 귀를 기울여야 한다.

−바이런

"나는 현재 살고 있는 사람들 중에서 가장 비참한 인간임이 틀림없다. 만약 나의 이 비참한 심경을 골고루 인류에게 분배한다면 이 세상에 유쾌한 표정을 짓는 사람은 단 한 명도 없을 것이다."

−미국의 대통령 링컨의 말 중에서

미국의 대통령을 지냈던 링컨도 젊은 시절에는 이렇게 자기 운명을 비관하는 어려운 시기가 있었다. 그러나 그는 절망만 하지 않고, 신이 인간에게 맡긴 절반의 운명을 잘 개척한 사람이었다.

누구나 살다보면 어려운 시기가 있다. 그 어려운 시기를 어떻게 극복하느냐에 따라 그 사람의 삶의 방향이 정해진다.

어려운 상황에 처해 있는 당신, 그러나 누구도 당신의 어려움을 해결해줄 수 없다. 자신의 힘으로 어려운 상황을 개척해 나갈 수밖에 없다.

부모나 연인, 친구들이 도움을 줄 수 있지만 그들의 도움만으로는 당신의 어려움은 근본적으로 해결되지 않는다. 당신에게 어려운 상황을 극복하겠다는 의지가 없다면 주변의 도움으로 인한 어려움의 극복은 일시적인 미봉책에 지나지 않는다.

무엇보다도 자신의 의지가 중요하다.

058

자신의 능력을 믿어라

스스로 자신을 믿지 못하면 남들도 당신을 믿지 않는다

모든 일은 계획으로 시작하고, 노력으로 성취되며, 오만으로 망친다.

−관자

러시아의 소설가 안톤 체홉은 성적이 나빠 학교를 다닐 때 두 번이나 낙제를 했다. 수학이야 그렇다 치고 후일 세계적인 작가가 된 그가 국어 때문에 낙제를 한 적도 있었다.

아인슈타인은 다섯 살이 될 때까지 지진아였다. 그는 그 때까지 말도 제대로 하지 못했다. 이 때문에 아인슈타인은 어려서부터 이상하리만큼 소심하고 비타협적인 아이였다. 그의 담임선생님은 그의 이런 결점을, 의사 발표력이 없고 협조심이 없는 이상한 성격이라고 생활기록부에 적었다. 처칠도 낙제를 했던 학생이었다.

그러나 이들은 한때의 이런 모습을 극복하고 세계적으로 유명한 사람이 되었다. 이들 위인들이 한때 주변의 평가나 담임선생님의 평가 때문에 자

신을 믿지 않고 학업을 포기하거나 삶의 의욕을 포기했다면 결코 성공하지 못했을 것이다. 그러나 그들은 자신을 믿었다. 그리고 노력하는 것을 멈추지 않았다.

재능이란 자기 자신을, 그리고 자신이 가지고 있는 힘을 믿는 것이다. 그러면 그 사람에겐 신념이 생기고, 그 신념에 따라 노력을 하게 된다. 그러다 보면 자신감이 생기게 되고 또한 재능도 생겨난다.

자신을 믿고 자신 있게 행동하라. 그러면 자신의 희망을 성취할 수 있는 강력한 힘이 생긴다.

059

자신을 비하하지 마라

스스로 자신을 인정하면
세상에서 가장 귀한 존재가 된다

남도 그대만큼 할 수 있는 일이라면 하지 마라. 남도 그대만큼 할 수 있는 말이라면 말하지 마라. 쓰는 것도 마찬가지다. 오직 그대 자신 속에 존재하는 것에 충실하라. 그렇게 함으로써 그대 자신을 없어서는 안 될 존재로 만들어라.

-앙드레 지드

"왜 산에 올라가는가?"

조지 말로리에게 물었다.

"거기 산이 있기에."

조지 말로리는 이렇게 대답했다.

조지 말로리는 영국의 등산가였으며 에베레스트 등반의 선구자였다. 영국의 1차 에베레스트 원정대에 참가해 노드콜을 발견, 정상을 정복했다. 그는 3차 원정에서 다시는 돌아오지 못했다. 정상으로 오르는 그의 모습

이 멀리 아래에서 보였으나 그가 정상을 밟았는지는 알 수 없었다.

'왜 사는가?' 라는 질문에 당신은 '이 세상에 단 하나밖에 없는 독창적인 존재로 태어났기 때문' 이라고 자신있게 대답을 할 수 있어야 한다.

조지 말로리가 탐험가로서 자신의 삶에 충실했던 것처럼 우리는 이 세상에 단 하나밖에 없는 독창적인 존재로서 자신의 삶에 충실해야 한다.

이렇게 고귀한 존재인 당신, 삶의 목적을 만들고 그 길을 향해 먼 길을 떠날 준비를 하라.

이런 삶의 자세는 자신을 더욱 고귀한 존재로 만들고 가장 독창적인 존재로 만든다.

060

부탁을 무조건 들어주지 마라

오늘 무심코 받아들인 부탁이
내일 당신의 삶을 망칠지도 모른다

돈을 빌려달라는 것을 거절함으로써 친구를 잃는 일은 적지만, 반대로 돈을 빌려줌으로써 도리어 친구를 잃기 쉽다.

―쇼펜하우어

살다 보면 꼭 거절해야 하는 일이지만 혈연, 학연, 지연 등의 이유로 다른 사람들의 부탁이나 상사의 명령 등을 거절하기 어려울 때가 있다. 그런데 꼭 거절해야 했지만 거절하지 못한 일은 훗날 후회를 하게 되는 것은 물론 자기 자신에 대한 심한 자책감에 시달리게 할 수도 있다.

"왜 그때 거절하지 못했던가?"

자책감에 시달리는 것은 물론 거절 못하는 자신의 태도가 참으로 한심스러워 자기 자신을 원망할 수도 있다. 그렇기에 자신이 꼭 거절해야 하는 일은 단호하게 거절해야 한다.

그러나 말처럼 쉬운 일이 아니다. 거절로 인하여 다른 사람의 미움을 받을 수도 있고 자신이 불이익을 당할 수도 있다. 그러나 자신의 삶을 길게 본다면 거절해야 할 일은 단호하게 거절하는 것이 올바른 태도이다.

거절하지 못하는 원인은 자신의 나약함에 있다.

"거절하면 나를 어떻게 생각할까?"

"거절하면 인간관계에 문제가 생기지 않을까?"

"거절하면 나를 원망할 텐데."

이런저런 생각으로 결국 거절을 하지 못한다. 그러다 나중에 후회를 한다.

거절해야 할 때는 단호하게 'NO' 라고 말해야 한다. 'NO' 라고 거절하지 못하는 사람은 결국 그런 삶의 자세로 인해 고통받게 된다.

3. 신념의 힘을 믿어라
자신을 강하거나 약하게 하는 것은
자신의 마음속에서 결정된다

061

사소한 것이라고 무시하지 마라

오늘의 사소한 것들이 모여
내일의 삶을 만든다

아무리 사소한 일이라 해도 일하기 전에는 늘 앞뒤를 살피고 시작해야 한다.

-에피크테토스

베스트셀러 중에 '우리는 사소한 것에 목숨을 건다' 라는 책이 있었다. 책의 주내용은 사소한 것에 연연하지 말고 중요한 것에 집중하라는 내용이었다.

어쩌면 세상의 대부분의 것들이 사소하면서 시시한 것들이다. 그러나 그런 사소한 것들이 모여 우리들의 운명을 좌우한다.

1초, 1분, 하루……, 삶이라는 긴 여정에서 보면 사소한 시간의 일부일 뿐이다. 그러나 그런 사소한 시간들이 모여 우리의 삶을 만들어 간다.

아침에 조금 늦게 일어나 회사에 1~2분 지각을 하게 된다면 긴 근무시간에서 보면 아주 사소한 시간의 일부이지만 지각을 하지 않는

사람과 지각을 한 사람의 미래는 많이 달라진다.

살면서 우리들이 범하기 쉬운 과오는 일상생활에서 정말 중요하지만 사소하다고 무시해버리는 것들이 너무 많다는 것이다. 그런 사소한 것들이 바로 우리들의 미래를 결정하는 아주 중요한 것들임에도 불구하고.

매일 자신이 부딪히는 사소한 일이나 사소한 선택은 바로 자신의 습관을 형성하는 것이고, 그 습관은 사소한 것이지만 자신의 미래를 좌우할 만한 중요한 것이다.

062

사소함의 중요함을 모르는 사람이 되지 마라

결국 미래란
사소한 것들에 의해 좌우된다

생활은 습관을 짜낸 천에 불과하다.

−아미엘

매일매일의 사소한 일이나 선택을 중요하게 여겨 좋은 습관을 몸에 익힌 사람은, 삶에서 그만큼 보상을 받고 사는 보람도 가지게 된다. 그러나 나쁜 습관에 익숙해진 사람은 그 습관을 고치는 것이 어려울 것이고, 그 나쁜 습관으로 인하여 힘들어진 삶은 좀처럼 바꾸기 어렵다.

매일 자신에게 발생하는 사소한 것들을 경시하다 보면 결국은 자신에게 막대한 마이너스 요인이 된다. 미래는 결국 사소한 것들에 의해 좌우되기 때문이다.

우리 주변에서 사소하지만 중요한 것들을 체크해보자.

1. 생각은 생각을 낳고 그 생각은 또한 다른 생각을 낳는다. 아무리 사소한 것이라도 계속 생각하다 보면 아이디어를 얻을 수 있다.

2. 성공을 원한다면 지금 당신이 서 있는 자리에서 당신의 사소한 것에 목숨을 걸어라.

3. 미래는 지금 당신의 사소한 것들에 의해 결정된다. 사소한 것들을 제대로 정리하는 습관을 가져라.

4. 당신의 실패는 아주 사소한 '그것' 으로 인한 경우가 많다.

5. 남을 탓하기 전에 당신이 무시하던 사소한 것들을 먼저 체크하라.

6. 일찍 일어나든, 늦게 일어나든 아주 사소한 일이다. 그러나 그 사람의 인생의 결과는 천지차이다.

7. 당신에게는 아주 사소한 일, 그러나 다른 타인에게는 목숨과도 같은 일일 수 있다. 가치는 상대적이라는 것을 염두에 두어라.

8. 아주 사소한 일이라도 그 문제를 해결하는 인내력을 길러라.

9. 사소한 일상이 나를 만들어 간다. 메모도 따져 보면 아주 사소한 일. 그러나 그 일로 인해 성공과 실패가 갈릴 수 있다.

10. 사소한 하루하루의 나태가 당신의 인생을 파멸로 이끈다.

11. 사소한 습관이 당신을 성공으로도 파멸로도 이끈다.

063

융통성이 결여된 삶을 살지 마라

융통성 없는 사람은
성공도 실패로 만드는 사람이다

삼나무처럼 딱딱하고 굽힐 줄 모르는 사람이 아니라, 갈대처럼 부드럽고
굽힐 줄 아는 사람이 되라.

−탈무드

다른 사람과 제대로 협력하지 못하고 어떠한 타협도 없이 능력을 제일로
아는 사람들은 실패하기 쉽다. 능력에 대해서 맹목적으로 추종하고, 그
외에 다른 것에 대해서는 제대로 관계를 갖지 못하기 때문에 주변으로부
터 협력을 받기가 점점 더 어려워진다.

　다들 아는 사실이지만 융통성이 결여된 사람은 회사의 직원은 될
수 있지만 어떤 사업의 파트너가 되기는 어렵다.

　세상을 살면서 원리원칙도 중요하지만 그것에 집착해 모든 것에
지나치게 **빡빡하게** 대한다면, 다른 사람들이 그 사람을 불편해 하고

결국 멀리하게 된다.

　이런 결점은 학교에서의 많은 모범생들이 사회에 나와서 많이 가
지는 결점 중의 하나이다. 그렇기에 사회에서는 학교의 모범생이 꼭
성공을 하는 것은 아니다.

　세상을 살아가면서 원리원칙도 중요하지만 때로는 효과적인 것도
중요하다는 점을 깨달아야 한다.

064

여유를 잃어버리는 삶을 살지 마라

여유를 잃어버린 삶은
결국 자기 자신을 피폐하게 만든다

여유로운 사색은 한낮의 더위로 빛을 잃고 지쳐버린 생각을 밤에 오는 비처럼 소생시킨다.

―아미엘

때로는 속도지상주의를 거부할 줄 알아야 한다. 지금의 세상은 너무나 부지런한 사람들로 넘쳐난다. 그러나 세상을 사는 사람들은 그 어느 때보다도 힘들게 살고 있다. 부지런한 사람들은 그렇지 않은 사람들에게 속도를 내라고 말한다. 성공하기 위해서는 남들보다 일을 빨리 끝내라고 충고한다.

세상은 너무 부지런함을 떠는 사람들에 의해서 점점 더 아수라장으로 변해가고 있다. 다 그런 것은 아니지만 자기만 아는 부지런한 사람들은 욕심이 많은 사람들이다. 그 욕심을 충족하기 위하여 때로는

타인을 공격하기도 한다.

반대로 게으른 사람들은—아니 여유롭게 사는 사람들은— 남을 공격할 준비를 하지 않는다. 그저 자기에게 주어진 일들을 해결하면서 여유를 가지면서 살아가고 있다. 그러나 그런 사람들은 게으름뱅이라고 사회적으로 비판받아 왔다.

그러나 이 세상은 게으름뱅이들에 의해 다시 세워져야 한다. 사람들은 게으를 수 있는 권리가 있고 또 그것을 누릴 수가 있어야 한다. 그리고 사람들의 그 권리는 바로 여유를 가지고 세상을 살아갈 수 있는 권리인 것이다.

이 세상에서 속도지상주의가 최고의 선(善)이 되어 속도를 내지 못하는 것은 사회적으로 도태 당하고 있다.

모든 일을 함에 있어서 적당한 시간이 필요한 것이 자연세계의 법칙인데 그 법칙을 무너뜨리려는 사람들의 의도는 곳곳에 도사리고 있고 그 시도로 인하여 세상은 심한 부작용에 시달리고 있다.

065

열등감을 가지지 마라

남과 비교하여 열등감을 가지면 운명 또한 나쁜 방향으로 흐게 된다

마음에 질투를 품지 않도록 조심하라. 왜냐하면 그것은 어떤 것보다 더 빨리 당신을 죽이는 것이기 때문이다. 무엇이건 간에 질투하지 마라. 왜냐하면 질투는 당신이 아름다운 생활을 하지 못하게 막는 것이기 때문이다.

-엘리자 록키츠

풍요로운 삶을 살기 바란다면 열등감을 버려야 한다. 타인의 모든 것이 다 자신의 것보다 좋고 자신이 가지고 있지 못한 것을 가지고 있다는 생각이 들지만, 타인도 당신을 보면서 당신과 같이 생각할 수 있다.

자신이 조금 어려운 상황에 직면하며, 자신이 처한 상황이 다른 어떤 사람이 처한 상황보다도 어렵고 고통스럽다는 생각을 한다.

조금 극단적으로 얘기하면 당신 옆에 죽어가는 사람이 있을지라도 그 사람의 고통보다는 자신의 손톱 밑에 낀 가시를 더욱 고통스럽게 생각하는 것이 보통 사람들의 생각이다. 그러면서 그 고통이 세상의 그 어떤 고통보다도 더 고통스럽다고 생각한다.

당신이 상대방과 입장을 바꿔놓고 생각해보면 그 생각이 얼마나 잘못된 것인지 깨달을 수 있다.

오늘 자신이 가지고 있는 열등감을 버리고, 세상의 행복이나 불행은 상대적인 것이라는 사실을 깨달아라. 당신이 보기에 상대방이 무조건 행복해 보이지만 상대방은 그 사람 나름대로 인생이라는 고통의 무게를 짊어지고 산다.

066

신념의 힘을 무시하지 마라

자신을 강하게 또는 약하게 하는 것은 자신의 마음속에서 결정된다

인생에 대해서는 분명하고 단호한 신념을 가지는 자세가 필요하다. 모순된 여러 가지 관념에 사로잡히고 지배되어서는 안 된다. 현대인의 습성 중 하나는 합리적인 것을 상식적인 것이라고 배격하는 경향인데 이는 잘못된 것이다. 합리적인 생각이야말로 사회와 자신을 조화시키는 길이며, 또 이 조화를 벗어나서는 행복을 얻을 수 없다.

−B. 러셀

자신을 믿고, 자신의 신념을 믿는 사람은 결국 성공하게 된다. 그러나 자신을 믿지 못하고 신념이 없는 사람은 항로 없는 배처럼 암초를 만나 결국 삶이라는 바다에서 난파당하고 만다.

자신이 옳다고 믿는 사람은 그 어떤 사람보다 강해지고, 자신을 의심하는 사람은 이 세상에서 털끝만한 힘도 갖지 못하게 된다.

신념이 있는 사람들은 이 세상의 그 어떤 물리력보다 더 강한 힘을

발휘하게 되고, 신념이 없는 사람들은 세상의 그 어떤 미미한 존재보다도 힘을 가지지 못하게 된다.

사람이란 세상에서 자기의 내면에 숨겨진 또 다른 자신을 발견하고 또 그에 따른 새로운 의미를 만들어가는 존재이다. 그리고 그 일은 신념이 있어야 가능한 일이다.

이 세상을 사는 사람들은 신념으로 젊어지고 두려움으로 늙어간다. 신념은 사람을 강하게 만든다. 그러나 두려움이나 의심은 활력을 마비시킨다. 신념은 당신 안에 존재하는 가장 강력한 힘이다.

067

사랑과 우정의 힘을 잊지 마라

주변에 있는 사람들로 인해
나의 삶도 행복해질 수 있다

벗과 교제하는 데에도 약자를 돕고 강자를 누르는 남아의 의기가 필요하
다. 이로운 점이 있기 때문에 교제를 한다든가, 또는 교제를 하면 손해를
볼 것이므로 절교하는 등, 이해를 생각하는 교제는 건실한 교제라 할 수
없다.

−채근담

사랑의 힘과 우정의 힘을 자각해야 한다. 당신에게 있어 사랑이나 우정은
바로 당신을 만드는 발전의 원동력이고, 당신을 당신답게 만드는 가장 인
간적인 힘이라는 것을 자각해야 한다. 사랑과 우정이라는 것은 결국에는
당신 자신을 사랑하는 것이라는 사실을 인식하라.

사람들은 삶을 살아가면서 정말 많은 시간들을 허비하고 있다. 정
말 바쁘게 살아도 부족한 삶을, 우리는 서로들 다투면서 허비할 때가
많다.

친구관계도 마찬가지다. 인생을 살아가는 데 있어 진정한 친구는 참으로 소중하고 중요한 존재다. 그러나 우리는 무관심 때문에 아니면 이기심 때문에, 진정한 친구를 저버릴 때가 많다.

주위의 친구들을 보라. 그러면 지난 세월로부터 날마다 놓쳐버린 수많은 웃음들을 생각할 수 있을 것이다. 왜냐하면 당신이 이기심 때문에 인생의 항로를 바꾸며 지내왔고, 상냥한 말들을 잊어버렸고, 무관심이 얼마나 많은 기쁨들을 희생시켰는지 알게 되기 때문이다.

만일 당신이 친구들에게 그 당시에 더 친절하게 대했더라면 얼마나 많은 훌륭한 친구들이 오래 전에 당신의 벗이 되었을까?

지금이라도 진정한 친구들에게 절친하게 대하고 관심을 가져라. 그러면 당신의 삶은 그로 인해 더욱 빛날 것이다. 진정한 친구는 당신 자신의 또 다른 모습이다.

068

시기하지 마라

성공한 이에게 축배를 권할 수 있다면 당신도 축배를 받게 될 것이다

비난 속에서 자란 아이는 남을 헐뜯는 사람이 되고, 미움 속에서 자란 아이는 싸움하는 사람이 된다.

조롱 속에서 자란 아이는 수줍음 타는 사람이 되며, 참음 속에서 자란 아이는 끈기있는 사람이 된다.

격려 속에서 자란 아이는 자신감이 넘치고, 칭찬 속에서 자란 아이는 감사할 줄 알게 된다.

공정 속에서 자란 아이는 정의로운 사람이 되고, 안정 속에서 자란 아이는 믿음 있는 사람이 된다.

인정과 우정 속에서 자란 아이는 온 세상에 사랑이 충만함을 배우게 된다.

―도로티 로 놀트

예외는 있지만 부를 얻고 성공한 사람들은 대체로 남의 좋은 이야기나 성공한 소식을 들으면 같이 기뻐해주는 경향이 있다. 그러나 풍족하지 못한 사람들은 자기보다 불쌍한 처지에 있는 사람에 대해서는 동정심이 강하

지만 자기보다 형편이 나은 사람들에게는 대체적으로 반감을 지니고 있다.

만약 당신이 풍족한 사람이 되길 원한다면, 당신이 동정심 강한 사람이 되는 것도 좋지만, 그것보다도 먼저 당신보다 잘 사는 사람들에 대해 반감을 갖는 일을 없애야 한다.

당신이 자신보다 풍족한 사람들에게 반감을 가지고 있다는 것은 결국 그들이 풍족하게 된 방법을 배우기를 거부하는 것과 마찬가지인 것이다.

남이 잘 되었다면 축배를 권할 수 있는 사람이 되어야 한다. 그럼 그 축배는 결국 자기 자신에게 돌아온다.

069

걱정하지 마라

오늘 자신의 삶을 즐길 수 있을 때
내일도 행복해질 수 있다

> 인생은 불가사의하고 예측할 수 없는 현상의 연속이다. 애써 그 비밀을 알
> 려 하지 말고 그것을 즐기는 데 더 많은 시간을 투자하라. 인생을 충분히
> 즐기기 위해서 그것을 완전히 이해할 필요는 없다.
>
> — 어니 J. 젤린스키의 《느리게 사는 즐거움》 중에서

당신의 삶을 즐겨라. 미술가가 그림을 그리듯, 음악가가 연주를 하듯, 산악인이 산을 타듯 자신에게 주어진 삶을 즐겨라.

자신의 삶을 즐기는 데 있어 자신의 삶을 완전하게 이해할 필요는 없다. 자신의 삶을 완전하게 이해하려고 하는 것도 스트레스를 가져오는 요인이다.

당신이 자동차를 운전하기 위해서 자동차의 모든 것을 다 알 필요가 없듯이 삶을 즐기기 위하여 삶을 완전하게 이해할 필요는 없다.

자동차를 운전하려면 자동차의 구조나 공학을 몰라도 자동차를 운전하는 방법을 알면 되듯이 당신도 당신의 삶을 즐기기 위해서는 삶의 철학이나 근본적인 문제를 다 알 필요는 없다. 다만 당신의 삶을 행복으로 인도하는 방법을 알면 되는 것이다. 중요한 것은 지금 당신이 아는 범위 내에서 당신의 삶을 즐기는 것이다.

즐기다 보면 삶은 즐거움으로 가득 차고, 행복한 삶은 저절로 다가온다.

070

미리 불안해하고, 절망하고, 슬퍼하지 마라

생기지도 않은 일을 미리 걱정하면
내일도 걱정만 하며 보내게 된다

내 자신이 어두우면 동시에 세상이 모두 어둡다. 마음의 눈을 뜨게 하라!
길을 열어 줄 것이다. 모든 훌륭한 사람의 마음의 자취를 당신 가슴속에서
다시 일깨우도록 하라! 거기서 얻는 즐거움과 만족은 당신의 승리를 상징
하는 것이다.

－존 러스킨

당신이 지금까지 살아온 날들을 되돌아보라. 당신은 얼마나 많은 것들에
대해서 불안해하고 절망하고 슬퍼했던가!

당신은 자신의 삶에서 아무것도 아닌 것을 가지고 그렇게 조바심
을 내지 않았던가?

지금 당신의 마음을 한번 살펴보라. 당신의 불안과 절망, 슬픔 등
이 어떤 큰 이유가 있는 것보다는 당신의 마음이 그렇게 만들고 있지
않은가?

당신의 이런 마음이 당신의 삶을 망친 것이다.

마음속에 있는 부정적인 생각들이 삶의 발전을 가로막고 인생을 불행하게 만드는 것이다.

당신의 마음속에 있는 부정적인 마음들을 지금 조금이라도 덜 수 있다면 당신은 곧 행복해질 수 있다.

071

사소하다고 무시하지 마라

오늘의 사소한 것들이 모여서 내일의 소중한 것들을 만든다

가정불화의 원인의 대부분은 지극히 사소한 데에 있다. 남편이 출근할 때 아내가 다정하게 손을 흔들어 주는 것만으로도 이혼이 도망가는 경우도 많다.

-J. 샤바드

사소한 일을 무시하는 사람은 자신의 삶을 망칠 가능성이 높다. 천 길 제방도 아주 작은 구멍으로 인하여 무너지듯이 사람들의 일도 사소한 것이라고 치부하여 무시하다가는 일을 크게 그르칠 수 있다.

대부분의 실수는 큰 것에서 오지 않는다. 크고 중요한 일은 의식적이던 무의식적이던 한번 더 보고 일을 처리하기에 잘 실수하지 않는다. 나중에 밝혀지는 문제는 정말로 사소한 문제들인 것이다. 그리고 사소한 잘못 하나가 일 전체를 실패하게 만드는 것이 태반이다.

사소한 것을 무시하거나 그냥 방치하면 그 사소한 일로 인하여 전체 일을 그르치게 될 수도 있고, 인생의 전부를 실패하게 만들 수도 있다.

사소한 일에 목숨을 거는 사람이 되어서는 안 되지만 그렇다고 해서 사소한 일을 무시하는 사람이 되어서도 안 된다. 둘 다 삶의 실패를 불러오게 만드는 유형이다.

사소한 일일지라도 자신에게 미치는 영향이 크다면 신중하게 선택할 수 있어야 한다.

072

편견은 발전을 가로막는 장애물일 뿐이다

선 안의 사람과 선 밖의 사람을 차별하지 마라

우리는 언제나 세상을 바라보는 안목을 바꿀 준비가 되어 있어야 하며, 편견을 버릴 준비가 되어 있어야 하며, 마음을 열고 살아갈 준비가 되어 있어야만 한다. 바람의 변화를 전혀 고려하지 않고 똑같이 항해를 하는 선장은 결코 항구에 들어가지 못하는 법이다.

－헨리 조지

우리는 간혹 자신에게 소중한 것을, 때때로 타인들에게도 소중하게 여기라고 강요한다. 그러나 자신에게는 아주 소중한 것이 남에게는 그리 소중하지 않을 수도 있다. 그리고 타인이 아주 소중하게 여기는 것을, 당신은 소중하게 생각하지 않을 수도 있다. 서로가 소중하게 여기는 것들이 사람마다 다를 수 있다.

자신의 것이 소중하다고 하여 무조건 남에게 소중하게 여기라고 강요를 해서는 안 된다. 서로에게 소중한 것들을 강요가 아니라 서로

가 이해해야 한다. 서로가 소중하게 여기는 것을 서로 이해하게 됐을 때 갈등과 다툼이 일어나지 않는다.

그러나 자신이 소중하게 여기는 것을 타인에게 강요할 때, 갈등과 다툼이 일어난다. 선을 그어 놓고 선 안에 있는 사람들은 우리 편이고, 선 밖에 있는 사람들은 악의 무리라고 하는 극단적인 사람들도 있다. 그러면 거기에서 다툼이 일어난다.

자신의 생각이나 믿음을 남에게 강요하지 마라. 자신의 생각이나 믿음이 중요하듯 남의 생각이나 믿음도 중요하다.

073

시간은 항상 오늘일 뿐
지금 이 시간은 다시 오지 않는다

시간의 걸음걸이에는 세 가지가 있다. 미래는 주저하면서 다가오고, 현재
는 화살처럼 날아가고, 과거는 영원히 정지해 있다.

－실러

많은 사람들이 그 중요성을 알고 있지만, 정작 제대로 활용하지 못하는
것이 시간이다. 만약 내일도 오늘과 같은 해가 뜬다고 생각하는 사람이
있다면, 그 사람의 삶은 분명히 실패하게 된다. 시간은 당신의 삶에 있어
서 그 무엇보다도 소중한 자산이다. 삶이라는 것은 자기에게 주어진 시간
의 연장일 뿐이다.

많은 사람들이 돈, 건물, 땅 같은 재산은 중요하게 생각하지만 시
간은 소홀하게 생각한다. 그러나 유형적인 자산은 있다가도 없어질
수 있고, 없다가도 생길 수 있지만, 시간은 한번 흘러가면 두 번 다시

돌아오지 않는다.

사람들은 눈에 보이는 재산은 소중하게 생각하면서 눈에 보이지 않는 시간에 대해서는 한없이 존재하는 것으로 착각하여 낭비하는 성향을 가지고 있다.

지금 자신의 시간을 효율적으로 활용하지 못한다면 아무런 가치도 없이 흘러가면서, 당신의 삶을 낭비하게 할 것이다.

시간을 잘 활용하지 못한 사람이 어떻게 성공할 수 있겠는가? 오늘의 시간은 오늘일 뿐 다시는 오늘이 오지 않는다는 마음으로 살아가야 한다.

074

편집광이 되기를 주저하지 마라

자신의 일에 편집광이 되어야
내일 경쟁력을 가질 수 있다

성공의 비결은 목적의 불변에 있다. 하나의 목표를 가지고 꾸준히 나아간 다면 성공한다. 그러나 사람들이 성공하지 못하는 것은 처음부터 끝까지 한 길로 가지 않았기 때문이다. 최선을 다해서 뚫고 나아간다면 만물을 굴 복시킬 수 있다.

-벤자민 디즈레일리

앤드류 그로브. 그는 인텔사의 회장이자 세계적인 부호이기도 하다. 흔히 세계 1위 갑부는 마이크로소프트의 빌 게이츠 회장이라고 말하지만, 성공 신화로 보면 그로브는 결코 그에 뒤지지 않는다. 그의 성공에 대한 철학 의 한 단면은 이렇다.

'정신착란증에 걸린 사람처럼, 초긴장 상태로 항상 경계하는 자만이 경쟁 에서 이긴다'

무한경쟁의 시대에서 그는 늘 편집광처럼 깨어 있어야 성공할 수 있음을 역설하고 있다.

그로브는 1936년 헝가리 부다페스트에서 유태인 '앤드라스 그로프' 라는 이름으로 태어났다. 독일이 헝가리로 쳐들어 왔을 때 그는 유태인이라는 이유로 숨어 지내야 했다. 1950년대 부다페스트에서의 젊은 시절은 참으로 암울한 것이었다. 그는 1956년 헝가리 10월혁명이 실패한 직후 스무 살의 나이에 오스트리아를 거쳐 무일푼으로 미국으로 이민을 갔다.

그로브는 자신의 이름을 미국식 이름인 앤드류 그로브로 바꾼 뒤 뉴욕시립대학에서 화학을 전공했다. 그는 학비를 벌기 위해 레스토랑에서 일하면서도 대학을 수석으로 졸업했으며, 페어차일드 세미컨덕터에 취직했다. 그는 이 회사의 개발부서에서 5년 동안 일하다가 인텔에 합류했다.

그로브는 1979년 인텔사 사장, 1987년 인텔사의 최고경영자인 회장이 되었으며, 1997년 3월엔 고든 무어를 승계해 총회장이 되었고, 그 자리를 1998년 5월 크레이그 배럿에게 이양했다. 그는 거의 전권을 행사하며 30년 동안 인텔사를 경영했다. 오늘날 인텔의 기업문화에 그의 성향과 취향이 반영되어 있는 건 너무나 당연한 일인지도 모른다.

075

자신의 가치를 모르는 사람이 되지 마라

실패했다고 주저앉아버리면
인생 자체를 실패하게 된다

모든 실패는 성공으로 향하는 제1보이다. 어디가 잘못되어 있고, 어디가 잘 되어 있는가를 판명할 때마다, 우리들은 진실을 향하여 진일보한다. 한번 경험할 때마다 자신도 모르게 범하게 될 듯한 실패가 한 가지씩 줄어든다. 그것뿐만 아니라 무엇인가를 시도하다 완전히 실패로 끝나버리는 경우는 좀처럼 없다. 또 진지하게 생각하고 나서 얻은 이론이라고 하면, 어떤 이론 일지라도 완전히 잘못되어 있는 일은 없다. 어쩌다 범하게 될지도 모를 실 패에도 진실을 탐구해서 얻어지는 매력 같은 것이 반드시 숨겨져 있는 것 이다.

- 윌리 휴엘

성공자와 실패자의 차이는, 실패자는 걸림돌에 걸려 넘어지지만 성공자 는 그 걸림돌을 디딤돌로 바꾸는 것이다. 걸림돌을 극복하는 데 최대의 방해자는 열등감이다. 그러므로 성공자가 되기 위해서는 무엇보다도 열

등감을 극복해야 한다.

 강가에 버려진 모래 한 줌도 무가치하거나 무의미한 것은 아니다. 그런 모래 한 줌들도 큰 건물을 이루는 데 없어서는 안 될 재료이다.

 모래 한 줌도 이런 것인데 사람이란 얼마나 존귀한 존재란 말인가?

 남과 나를 비교하지 말고, 어제의 나와 오늘의 나를 비교해야 한다. 우리가 느끼는 열등감의 90%는 남과 나를 비교하기 때문에 생긴다. 그러므로 다른 사람을 배움의 대상으로만 삼아야지 비교의 대상, 질투의 대상으로 삼아서는 안 된다.

076

처음의 목적을 잊어버리지 마라

물음을 던지는 사람만
그 답을 구할 수 있다

현재는 결코 우리의 목적이 아니다. 과거와 현재는 수단이며, 미래만이 우리의 목적이다.

—파스칼

자신의 목적을 세우고, 다시 그 목적을 확인할 줄 알아야 한다. 누구나 삶의 목적이 있다. 그리고 그 목적은 자신이 이루어야 할 삶의 행복이다. 그러나 자신의 목적이 어느 순간 변질되어 원하던 목적을 잃어버린 채, 목적을 이루기 위한 수단이 목적을 대신하는 경우도 종종 볼 수 있다.

처음에는 행복해지기 위해 돈을 벌려고 했는데, 욕심을 내다 보니 처음의 목적을 잊어버리고, 행복을 희생하면서까지 오로지 돈을 벌려고 하는 사람들이 있다. 그들은 처음의 목적을 잊어버리고 목적을 이루기 위한 수단이 목적이 되어 버린 사람들이다.

자신에게 질문하라.

내 삶은 지금 어디에 서 있으며 어디로 가고 있는가?

나의 삶의 목적은 어디에 있는 것인가?

부, 권력, 명예, 아니면 다른 목적이 있는가?

077

표류하지 마라

스스로 갈 길을 정하지 못하면 남들의 바다에서 표류하게 된다

이 세상에서 중요한 것은 현재 어디에 있는가보다 오히려 어느 쪽으로 가고 있는가이다. 목적한 항에 닿을 때까지 어떤 때는 순풍을 타고, 또 어떤 때는 역류를 거슬러 항해해야만 한다. 그러나 어떤 순간에도 앞으로 나아가야 하며, 표류해서도 멈춰서도 안 된다.

-홈즈

항구에 정박중인 배는 안전하다. 그러나 그 배가 항해를 거부하고 계속해서 항구에만 머물러 있다면 그 배는 더 이상 어떤 의미도 가질 수 없다. 배는 폭풍과 파도를 피해 잠시 항구에 정박할 수 있다. 그러나 그 시간이 지나면 다시 바다로 나가야 한다. 바다로 나가 항해를 시작할 때, 배는 자신의 진정한 의미를 갖게 된다.

배는 폭풍과 난파의 위험을 무릅쓰고 바다로 나갈 때, 비로소 가치 있는 존재가 된다.

우리의 삶도 마찬가지다. 용기를 내지 못하고, 모험을 하지 않고, 자신의 안전한 범주 안에 머물러 있기만 할 때 삶은 새로운 전기를 가져올 수도 없고 발전을 할 수도 없다.

그러면 삶은 더 이상 아무런 의미도 가질 수 없다.

좌절과 아픔을 겪을지라도 인생의 바다를 향하여 나아갈 때, 인생은 비로소 의미를 가지고 가치를 발휘하게 된다.

당신이 삶을 정말 진지하게 살려면, 위험을 무릅쓰고서라도 격랑에 몸부림치는 삶의 바다에서 항해를 시작해야 한다.

078

응석부리는 삶을 살지 마라

인정해주지 않아도 최선을 다하면
언젠가 꼭 보상받게 된다

일을 많이 하는 사람은 더 높은 자리로 승진될 가능성이 많다. 게으름을 피우는 사람은, 빨리 자신이 적당주의자임을 절실히 깨달아야 한다. 일관성 있게 노력하지 않는 이상, 절대로 높은 자리로 승진할 수가 없기 때문이다. 그리고 행운이나 기회가 생겨 높은 자리에 앉게 되더라도, 게으름을 버리지 않으면 그 자리에 오래 앉아 있을 수가 없기 때문이다. 지도자들은 자리에 앉아 있는 시간이 거의 없다는 사실을 명심하라.

－제임스 카디날 키본스

네덜란드의 식물학자 드 프리스가 어느 날 자료를 정리하다 좀이 슬고 빛이 바랜 소책자를 발견했다. 한두 장 드문드문 읽는 동안 그의 안색이 변해갔다. 거기에는 대단한 것이 씌어 있었다. 천지가 뒤바뀔 만한 대법칙이 적혀 있었던 것이다. 그 소책자는 50년 전 멘델이 누군가에게 보낸 것이었다.

멘델은 자기 정원의 네 평짜리 밭에 완두콩을 심어 오랜 세월 동안 연구한 끝에 유전의 법칙을 발견했다. 그래서 그것을 소책자로 만들어 각국의 학자들 앞으로 보냈다. 그러나 반응은 조금도 없었다.

그는 죽을 때까지 되풀이하여 그 법칙을 학계에 주장했으나 결국 인정받지 못했다. 그가 죽고 30년이 지나자 그의 이름은 가족들의 머릿속에서까지 잊혀져가고 있었다.

만일 드 프리스가 이 소책자를 발견하지 않았다면 멘델의 연구성과는 영원히 잊혀졌을 것이다. 그러나 드 프리스의 발견보다도 더 가치가 있는 것은, 멘델이 만약 죽기 전에 자신의 발견을 담은 소책자를 그렇게 열심히 보내지 않았더라면 드 프리스가 그 소책자를 발견할 수 없었을 것이라는 점이다.

멘델은 아무도 인정해주지 않는 어려운 상황에서도 자신의 주장을 굽히지 않았고 이것을 남들에게 알리려고 노력했다. 드 프리스의 재발견에 앞서 멘델의 이런 노력이 자신의 이름을 알리는 가장 큰 역할을 했던 것이다.

079

부정적인 암시로 삶을 망치지 마라

부정적인 생각과 행동은
실패와 좌절만 가져다 준다

모든 자연과 생명의 창조적 핵심은, 긍정적이고 낙관적이며 소망이 넘치는

것이라는 것이 내 믿음이다.

–디오도어 루빈

아프리카의 어떤 부족은 아기가 태어나면 그 아버지가 술을 마셔 황홀한

상태에서 새로 태어난 아기의 금기를 말한다고 한다. 예를 들면 그 아이

의 오른쪽 어깨가 금기가 되어 그곳을 때리면 죽는다거나, '바나나'라고

말하면 그 아이가 성인이 된 후에도 바나나를 먹으면 죽는다거나 하는 것

이다. 실제로 과거에는 이러한 금기로 죽어간 예가 많았다고 한다.

다음과 같은 이야기도 전해진다.

바나나 요리를 한 냄비를 씻지 않고 다음 요리를 했는데 그것을 어느 원

주민이 먹었다. 그 원주민은 나중에 자신이 바나나 요리를 먹었다는 것을

알게 되었고 그 순간 새파랗게 질려 경련을 일으키면서 손을 써 볼 겨를

3. 신념의 힘을 믿어라

도 없이 죽고 말았다는 것이다.

암시는 이처럼 무서운 것이다. 물론 우리는 이 정도로 간단히 암시에 걸리는 일은 없지만 정도의 차이는 있을지라도 암시는 실로 무서운 작용을 한다.

삶에서 실패하는 사람들 중에는 자신이 깨닫지 못하는 사이에 자신에게 부정적인 암시를 계속 주입시키는 사람들이 많다. 그렇게 되면 자신의 능력과 위치에 비해 자신의 자아가 점차 왜소해져 자신의 능력을 제대로 발휘하지 못한다. 이런 사람들은 자신의 능력에 비해 지나치게 겸손하고 신중하다. 지나치게 잘난 척을 하는 것도 문제지만 자신에게 있는 능력조차 제대로 보여주지 못한다면 결국 성공할 수 없다.

이런 사람들은 어느 정도 자리가 높아지면 그 자리가 부담스럽고 언제 밀려날지 전전긍긍한다. 자신에게 자꾸만 부정적인 암시를 주며 일어나지도 않은 일을 미리 걱정하고 앞으로 나아가기를 주저하게 만든다. 결국 부정적인 암시의 악순환으로 자신의 삶을 더욱 어렵게 만든다.

080

시작도 하기 전에 겁먹지 마라

소극적이고 부정적인 생각은
내일의 삶을 실패로 이끈다

긍정적으로 생각하라. 원하는 것을 마음속 깊이 생각하고 또 생각하면 그 바람은 어김없이 현실로 나타난다. 원치 않는 걸 떠올리지 말고 갖고 싶은 것, 하고 싶은 것을 생각하라.

−앤드류 매튜스

자신을 믿는 것이 무엇보다도 중요하다. 자신이 자신을 믿지 못하면 자신이 가진 능력도 제대로 발휘할 수 없다. 자신을 능력있는 사람이라고 믿으면 당신은 정말로 능력있는 사람이 될 수 있으며, 자신을 무능한 사람이라고 믿으면, 당신은 정말로 무능한 사람이 되어 버린다. 이렇듯 자신감을 갖는 것은 참으로 중요하다.

삶을 살아가는 데 실패한 사람들 중에는 매사에 소극적이고 부정적인 생각을 하는 사람이 많다.

"내가 어떻게 저 일을 할까.", "나는 안 돼."라는 생각을 가지고 있으면 결국 자신의 능력조차도 발휘하지 못하고 일을 시작하기도 전에 포기하거나 어렵게 시작을 해도 중도에 포기하게 된다.

자신을 신뢰하지 못하는 사람은 조금만 어려운 일이 생겨도 자신의 능력으로 충분히 해결할 수 있는 일임에도 불구하고 불안감 때문에 일을 망친다.

081

위기에 도망가는 비겁한 사람이 되지 마라

당신에게 닥친 위기를 피하지 않으면 위기는 기회가 될 수도 있다.

조급하게 굴지 마라. 행운이나 명성도 일순간에 생기고 일순간에 사라진
다. 그대 앞에 놓인 장애물을 달게 받아라. 싸워 이겨 나가는 데서 기쁨을
느껴라.

—앙드레 모로아

지금부터라도 당신이 하고 싶은 일을 하라. 자신의 일을 남에게 의뢰하지
말고 자신의 마음에 의뢰하라. 자신의 내면에서 열의에 찬 신호를 보내
면, 당신은 그 일에 대해 최선을 다하라.

삶을 풍요롭게 살려면, 좋아하는 일을 찾기 위해 지금 하고 있는
일을 바꾸는 것을 두려워하지 마라. 두려움에 사로잡혀 새로운 일에
도전할 수 없다면 당신이 지금 하고 있는 일에서 벗어날 수 없게 된다.

오늘 자신의 문 밖으로 나가라. 나가서 세상에 떠도는 기회를 잡아

라. 집안에 처박혀서 아무 일도 하지 않는다면 결국 당신에게는 어떤 기회도 오지 않는다. 지금 밖으로 나가서 공중에 떠다니고 있는 기회를 당신의 기회로 만들어라.

위기가 찾아왔을 때 피하지 마라. 또한 대부분 기회란 위기와 함께 오는 법이다. 만약 당신에게 위기가 닥친다 해도 그 위기를 정면으로 받아들이고 앞을 향하여 나아가라.

자신의 위기를 회피하지 않고 극복하려는 태도가 되어 있다면 자신의 위기를 새로운 기회로 만들 수 있다. 그러기 위해서는 평소에 위기에 대비하고 그 위기를 기회로 만들 수 있는 힘을 당신 스스로 비축하라. 준비된 자에게만 기회가 오는 법이다.

082

목표를 다각화시키지 마라

한 가지에 집중하여 성공하라
그러면 다른 것도 성공할 수 있다

정열이 없는 곳에는 가치 있는 인생도, 사업도 없다. 진리를 구하고 찾는
데에는 냉철한 이지의 힘이 필요하지만 이를 믿고 나가는 것은 정열이다.
어디까지나 진리에 충실하려는 정열, 이것이 없고서는 이지의 힘도 명철해
지지 못한다. 정열은 인생의 힘이다.

-C. 힐티

'오직 한 가지 일에만 몰두하는 편집광만이 살아남는다'는 그로브의 구
호는 곧 인텔의 기업정신이며, 이를 '그로브의 법칙'이라고 부른다. 그의
철두철미한 준비에서 비롯된 합리적인 판단은 결코 과학적인 논리력에서
만 비롯된 것이 아니다. 무엇보다도 그는 현실감각을 중요하게 생각하고
있다.

"어리석게 들릴지도 모르지만 당신은 언제 자료를 손에 쥐고 있어야 하
고, 언제 손에서 놓아야 하는지를 알아야만 한다. 비록 현재 시점의 분석

에서는 너무 작아 그 힘의 출현이 드러나지 않더라도, 당신이 경험적으로 그 힘이 당신의 사업운영방식 전체를 바꿀 만한 잠재력을 갖고 있다고 느낄 때 당신은 자료와 싸울 수 있어야 한다. 요컨대, 떠오르는 추세와 관련된 문제를 다룰 때 당신은 합리적인 자료를 단순히 대입시키지 말고, 당신의 관찰과 본능에 의존하는 편이 더 낫다는 것이다."

생물처럼 변하는 세계경제 속에서 때론 논리를 벗어나 감각적으로 대응할 것을 주문하고 있으며, 그러한 감각은 오랜 경험을 통해서 얻은 본능에 가깝다.

세계에서 최고라 일컬어지는 부호의 습관치고는 너무나 감상적이지 않은가?

하지만 역설적으로 보통 사람들도 그의 성공철학에 쉽게 접근할 수 있다는 사실을 말해주고 있다. 누구나 성공할 수 있고 부자가 될 수 있다. 그게 바로 '그로브의 법칙'이 말하는 진정한 의미이다.

083

자신의 가능성을 무시하지 마라

의식적인 노력만이
부정적인 사고방식을 치유할 수 있다

인간의 가능성은 무한하다. 그러나 이것과 모순되는 듯이 보이지만 인간의
불가능성 역시 무한하다. 이 둘 사이, 할 수 있는 무한과 할 수 없는 무한
사이에 인간의 교향이 있다.

-게오르크 짐멜

큰 여객기의 처녀비행을 나서는 비행사가 '비행기가 움직이지 않으면 어
쩌지?' 하고 생각한다면 아마도 그는 비행기를 움직일 수 없을 것이다. 그
가 '멋진 비행을 보여주겠어' 라고 생각했을 때, 그리고 거기에 따른 정확
한 명령과 지시를 내릴 때 큰 여객기는 항로를 따라 비행을 시작할 수 있
다.

사람들은 누구나 가능성을 가지고 태어난다. 그러나 태어나서부터
주변의 사람들로부터 여러 가지 부정적인 주의를 받고 꾸중을 듣는

다. 그러면서 사람들은 점차적으로 자신의 가능성을 잃고 부정적인 사람이 되어간다.

　부정적인 사람들은 어려서부터 잘못 습득된 태도를 가지고 있을 수 있다. 자신의 가능성이 무한한 것인데도 그 가능성을 축소시키고 은폐시키고 있는지도 모른다. 그렇다면 자신의 가능성을 이렇게 부정적으로 만드는 요인은 무엇일까? 첫 번째는 열등감이고, 두 번째는 이 열등감을 자라나게 만든 주변의 부정적인 의식일 것이다.

　우리는 열등감, 불안정감, 부적응성을 적극적으로 치유해야만 한다. 매일매일 의식적으로 적극적인 행동을 한다면 이런 부정적인 사고방식은 치유될 수 있을 것이다.

084

자격증에 매달리는 사람이 되지 마라

창의력을 키우는 것이 자격증을 따는 것보다 중요하다

훌륭한 직업은 시종일관 자기희생과 투자, 그리고 창의력이 있어야 수행되는 것이다.

-막스 비어봄

우리가 살고 있는 이 시대는 취업대란의 시대이다. 그리고 직장을 잡은 사람들도 그 자리가 불안하여 자격증을 따거나 공부에 매달린다. 그러나 그 속내를 들여다보면 창의적인 생각으로 미래를 준비하는 사람들보다, 자신만 뒤처지는 것 같은 불안감에 남을 따라서 자격증을 따거나 공부를 하는 사람들이 더 많다.

단지 불안감에 남을 따라 하는 것은 자신에게 큰 손해가 될 수도 있다. 그런 행위는 그저 자기위안에 지나지 않기 때문이다.

자신의 참다운 미래를 준비하려면 자신의 성격, 상황, 능력 등을

고려해서 계획을 세워야 한다. 자신에게 필요없는 자격증과 공부에 매달려 시간과 돈을 낭비하게 된다면 지금 하고 있는 일조차도 피해를 볼 수 있다.

　그렇게 할 때 무작정 자격증과 공부에 매달리는 것보다 더 밝은 미래를 준비할 수 있다. 창의적인 생각으로 미래를 열 수 있는 사람은 결국 삶의 긴 과정에서 실패도 성공으로 바꿀 수 있는 사람이다.

085

거짓의 상징들을 파괴하기를 주저하지 마라

오늘 거짓의 상징들을 파괴해야
내일 당신의 삶이 보인다

창조성은 자신의 인생 항로가 곤란에 처했을 때 다른 일로 인도하거나 새

로운 길을 찾게 해준다.

−레오 버스카글리아

파괴하라. 당신 앞에 놓인 거짓의 상징들을. 그리고 파괴가 하나의 다른

창조적인 것을 만들기 위한 과정이라는 것을 자각하라. 파괴가 없는 곳에

는 창조도 없다. 기존의 틀 안에서, 기존의 사고방식으로는 어떤 새로운

것도 만들 수 없다. 세상의 벽을 파괴하라. 그리하여 세상의 다른 지평을

보아라.

많은 사람들이 벽 안에 갇혀서는 자신이 머물고 있는 벽 안의 세상

이 이 세상의 전부인 것처럼 생각한다. 마치 과거의 사람들이 지구를

네모나다고 생각하여 저 멀리 항해하는 것을 금지했던 것과 같은 생

각을 하고 있다.

하지만 자신이 머무는 벽 안의 세상만이 세상의 전부는 아니다. 우리를 둘러싸고 있는 세상의 벽 밖에는 또 다른 세상이 존재하고 있다. 현대에 와서는 사람들을 둘러싼 벽은 그 어떤 벽보다도 견고하게 높아만 지고 있고, 사람들을 고립시키고 있다.

편협한 사람들은 그 벽 안의 세계는 선이고 벽 밖의 세계는 악이라고 가르친다. 그러나 벽이란 그 벽을 유지함으로써 이익을 얻는 집단들이 인위적으로 만든 울타리에 불과하다.

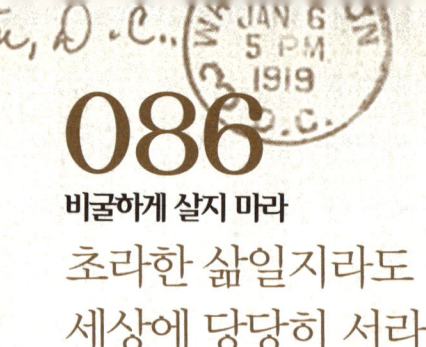

086

비굴하게 살지 마라

초라한 삶일지라도
세상에 당당히 서라

사람이 뜻을 세우는 데, 너무 늦다는 것은 없다.

–제임스 볼드윈

큰 뜻을 세워라. 작은 것만 생각하면 사람도 작아진다. 반대로 큰 것을 생각하면 사람도 따라서 커진다. 그러기에 뜻을 세울 때는 크고 높게 세워라. 뜻이 작고 얕으면 작게 이루는 데 만족해 크게 성취하지 못한다.

무슨 일을 하더라도 최고가 되려는 평생의 뜻을 세워라. 인간을 위대하게 하거나 왜소하게 하는 것은 그 사람의 뜻에 달려 있다.

오늘 이 세상에서 성취하려고 하는 높고 큰 뜻을 세워라. 그러나 어떤 목표를 세우는 데 있어서 마음은 작게 하고, 뜻은 크게 세워야 한다. 일의 성패는 반드시 작은 일로부터 생기는 것이기에 실천 가능한 것들부터 차근차근 해나가다 보면 큰 뜻이 이루어진다. 오늘 당신의 뜻을 세우되, 실천 가능한 것들을 찾아 하나하나 차근차근 진행하라. 그러면 당신이 성취하려는 높고 큰 뜻이 언젠가는 반드시 이루어진다.

087

쉽게 분노하지 마라

습관적으로 분노하면
아무런 희망도 없다

늘 쾌활하게 생활하고 싶다면 사소한 일에 화를 내지 말 것이며, 비록 작더라도 제 몫으로 온 것에 대해서 만족하고 감사히 여겨라.

－스마일즈

습관적으로 분노하는 것을 자신의 적으로 생각해야 한다. 분노는 남에게도 해롭지만, 분노하고 있는 자신에게 더욱 큰 해를 끼친다. 자신이 분노하고 있는 동안, 자신의 삶의 에너지는 부정적인 힘으로 변해 결국 자신의 창조적인 에너지를 낭비하게 만들고 고갈시킨다.

세상을 살아감에 있어서 분노는 남에게도 해롭지만 당신에게도 해롭다는 것을 인식해야 한다. 분노는 항상 어리석음에서 시작하여 후회로 끝난다. 분노의 시작은 어리석게도 아주 작은 일에서 시작한다. 그리고 시간이 흐르면서 점점 커져 나중에는 통제하지 못할 정도로

커지기 마련이다. 분노는 성난 준마처럼 앞뒤를 모르고 일직선으로 직진하여 앞에 있는 모든 것을 해치고 결국에는 자기 자신조차도 해친다.

세상을 살면서 자신을 이기는 것이 승리 중에 가장 큰 승리다.

088

과거에 집착하지 마라

과거에 매달려 사는 사람은
아무런 발전도 이룰 수 없다

과거는 과거다. 과거보다는 미래가 더 중요하다. 미래보다는 현재가 더 중
요하다. 현재보다는 오늘이 더 중요하다. 오늘보다는 지금이 더 중요하다.
지금과 오늘을 소중히 여기고, 이것이 자기 자신을 위해서 존재한다고 확
신하라.

−A. 모루아

과거는 아무리 강조해도 과거일 뿐이다. 그렇다고 해서 과거가 중요하지
않은 것은 아니다. 과거란 오늘의 자신을 있게 한 삶의 소중한 자산이다.
그러나 자신의 과거를 받아들이지 않고 후회만 한다면 아마도 그 사람은
과거로 인하여 앞으로도 많은 시간을 괴로워해야만 할 것이다.

자신의 흘러간 과거는 자신이 받아들여야 한다. 과거는 부정하고
지우려 해도 절대 변하지 않는다. 또한 후회라는 것도 오늘을 위해 있
는 것이지 과거의 사실을 되돌리지는 못한다.

그런데 이런 명확한 삶의 진리를 망각한 채, 많은 사람들이 자신의

과거에 매달려 현재의 삶을 희생시키고 있다.

"만약 그때, 그런 일이 없었더라면 지금 훨씬 상황이 좋았을 텐데……."

그러나 백날 염원하고 기도해봐도 지나간 일은 되돌려지지 않는다.

"만약 그때, 그런 일을 하지 않았더라면 지금 성공할 수도 있었을 텐데……."

그러나 이것도 마찬가지로 절대로 이루어지지 않는 공염불이다.

"만약 그때, 좀더 공부했더라면 좋은 직장을 잡아 편히 살 수 있었을 텐데……."

정말로 아무런 쓸모없는 후회일 뿐이다.

"만약 그때, 확실하게 매듭을 지었더라면 지금과 같은 상황은 벌어지지 않았을 텐데……."

아무리 바라도 이 바람은 이루어지지 않는다.

089

시련에 굴복하는 사람이 되지 마라

힘들다고 주저앉지 마라
그 시련을 이겨야 당당히 설 수 있다

능숙한 선장은 폭풍을 만났을 때 폭풍에 반항하지 않으며 절망하지도 않는다. 항상 확고한 승산을 가지고 최후의 순간까지 전력을 다해서 활로를 열려고 한다. 여기에 인생의 고난을 돌파하는 비결이 있다.

-J. R. 맥도널드

"순(舜)임금 같은 성군도 밭농사에서부터 출발했고, 은(殷)나라 명재상 부열도 성벽을 쌓는 인부에서 등용되었으며, 교격 같은 어진 신하도 생선장수의 몸으로 문왕에게 발탁되었고, 제환공을 도와 천하를 제패한 관중도 옥중에 갇혀 있던 몸으로 등용되었으며, 초장왕을 도와 천하통일을 이룩한 손숙오도 바닷가에 숨어 사는 가난한 선비로 천거를 받았고, 진목공을 도와 패천하를 한 백리해는 팔려다니던 몸이었다.

그러므로 하늘이 장차 큰 소임을 사람에게 내리려 하면 반드시 먼저 그 마음과 뜻을 괴롭게 하고 그 힘줄과 뼈를 고달프게 하며, 그 몸과 살을 주리게 하며, 그 몸을 비고 모자의 마음을 흔들어 놓고 성품을 참게 만들

어 그가 능히 하지 못하는 일을 잘할 수 있게 하기 위해서이다. 이로 미루어 보아 사람은 우환에 살고, 안락에 죽는다는 것을 알 수 있다."

맹자는 위와 같이 말했다. 이 말은 큰 일을 하는 사람에게는 반드시 마음과 뜻에 고달픔이 있다는 뜻이다. 큰 일을 할 사람은 그 큰 일을 감당할 만한 굳은 의지를 갖기 위해 먼저 심신을 단련해야 한다.

힘들다고 하여 주저앉지 마라. 당신에게 닥친 시련을 딛고 설 수 있을 때 비로소 세상에 당당히 설 수 있다. 큰 일에는 큰 시련이 따르는 법이다.

090

아무런 행동도 하지 않으면서 기적을 바라지 마라

최선을 다해 노력할 때
그 결과로 기적이 만들어진다

어떠한 일도 갑자기 이루어지지 않는다. 한 알의 과일, 한 송이의 꽃도 그렇게 되지 않는다. 나무의 열매조차 금방 맺히지 않는데, 하물며 인생의 열매를 노력도 하지 않고 조급하게 기다리는 것은 잘못이다.

-에픽테토스

보통의 사람들은 성공한 사람들의 고난과 노력의 과정을 보지 않고, 특별한 노하우로 성공했다고 생각하기 쉽다. 그러나 그것은 오해일 뿐이다. 그런 일은 가능하지 않다. 어떤 사람이던지 고난과 노력을 동반하지 않고서는 성공할 수 없다. 성공한 사람들은 바로 고난과 노력 속에서 삶의 지혜와 교훈을 자기의 것으로 만들었기에 그 노하우를 바탕으로 해서 조금 빨리 목표를 이룬 사람들이다.

어떤 사람이던지 고난 속에서 살아왔고 앞으로도 고난 속에서 살

아갈 것이다. 그 과정에서 자신이 어떤 노력을 기울이느냐에 따라 미래가 달라진다.

삶이란 자신에게 주어진 하루하루의 날들이 모여 이루어진다. 하루하루 당신이 어떻게 노력하고 내일을 대비하느냐에 따라 삶은 달라진다. 그렇듯 어떤 목표도 순식간에 이루어지지 않는다. 그 일을 이루기 위해 준비하고, 노력하고, 실패하고, 다시 목표를 이루기 위해 노력하고 이런 과정을 통해 목표는 이루어진다.

평범한 사람들이 성공한 사람들을 시기하는 것은 달콤한 결과만 보기 때문이다. 성공한 사람들의 고난과 좌절, 그리고 그것을 딛고 일어서는 과정을 제대로 보지 못했기 때문에 쉽게 시기하는 것이다. 성공한 사람들은 어려운 일도 쉽게 이루는 것 같지만 그런 것은 세상에 없다. 순식간에 일어나는 기적은 없다.

4. 포기하지 마라
오늘 당당하고 꾸준하게 나아갈 때
내일 희망이 있다

091

두려워하지 마라

오늘은 삶의 밑바닥이지만
내일은 비상의 날개를 가질 수 있다

사람이 역경에 처했을 때는 그를 둘러싼 환경 하나하나가 모두 불리한 것처럼 생각된다. 그러나 사실은 그것들이 몸과 마음의 병을 고칠 수 있는 힘이요 약이 된다. 사람들은 건강을 지키기 위해 깊은 산중으로 약초를 구하러 가기도 한다. 이러할진대 역경은 얼마나 좋은 약초인가. 다만 역경이 약초인 줄 자신이 모를 따름이다. 약이 몸에 쓰듯이 역경은 잠시 몸에 괴롭고 마음에 쓰지만, 그것을 참고 잘 다스린다면 몸을 위하여 많은 소득을 기약할 수 있다.

-채근담

고난에 빠졌을 때 좌절하거나 포기하지 마라. 고난을 최대의 스승으로 여겨 위기를 타개할 마음의 준비가 되어 있어야 한다. 세상을 살면서 어떤 역경이 닥쳤을 때, 그것은 고난인 동시에 하나의 기회라는 것을 인식하라. 고난의 시기를 자신을 바꿀 수 있는 기회로 생각할 수 있는 용기를

지니고 있을 때, 아무리 어려운 고난이라도 극복할 수 있다.

위기에 처했을 때 자기 자신의 진짜 모습을 볼 수 있다. 위기가 닥쳤을 때 그 위기에 대응하는 방법을 몰라 허둥거리다가는 결국 항로 잃은 배처럼 난파하고 만다.

자신에게 닥친 고난의 시기를 극복하기 위해서는 평소에 위기에 대응하는 능력을 길러야 한다. 평소에 위기에 대응하는 능력을 길렀다면 실패를 해도 강한 의지로 재기에 성공할 수 있다.

고난에 빠졌다고 실망하지 마라. 고난에 빠져보지 못한 사람들에게는 좋은 기회란 좀처럼 오지 않는 법이다.

092

자신에게 묻기를 주저하지 마라

어떻게 살 것인가 묻는 사람이
자신의 삶을 발견할 수 있다

세상에 태어나서 한번도 좋은 생각을 갖지 않는 사람은 없다. 다만 그 생각이 계속 되지 않을 뿐이다. 어제 맨 끈은 오늘 허술해지기 쉽고 내일은 풀어지기 쉽다. 매일 다시 끈을 여며야 하듯, 사람의 결심도 매일 거듭 다짐해야 변하지 않는다. 가끔 맹렬히 타오르는 불길같이 노여움에 사로잡히고, 가마솥의 끓는 물처럼 욕정이 치솟는 순간도 있다. 이때 용기를 내 자신을 반성한다면 불길 같은 노여움도 물리칠 수 있고 끓는 물 같은 욕정도 물리칠 수 있을 것이다. 그러한 찰나 대개 반성하지 않기 때문에 자신을 망치고 마는 것이다. 반성은 불길 같은 노여움과 끓는 물 같은 욕정을 변하게 하여 자기를 보호하는 참된 자세로 돌아오게 한다.

－채근담

세상을 살아가면서 당신이 살아가는 자세는 인생의 어떤 요소보다도 중요하다. '어떻게 살 것인가' 에 대한 진지한 물음과 살아가는 자세가 삶에 있어서 가장 핵심적인 요소이다.

　이 세상을 살아가는 데 있어 삶의 자세는 삶의 어떤 사실보다 더 중요하다. 지금 다른 사람이 많은 돈을 벌었고, 높은 지위를 얻었고, 명예를 얻었다고 해서 그 사람이 당신보다 더 훌륭한 것은 아니다.

　삶은 미래지향적이기 때문에 지금 현재의 어떤 사실보다는 미래의 모습이 더 중요하다. 그렇기 때문에 지금의 결과보다는 앞으로 어떻게 살 것인가? 하는 미래를 생각하는 자세가 더 중요하다.

　개인의 삶에 있어서 가장 위대한 발견은 자신의 마음자세를 변화시킴으로써 자신의 삶을 변화시킬 수 있다는 것이다.

　매일 자신에게 질문하라. 오늘도 배우고 계속 성장하고 있는가를.

093

경솔하게 말하지 마라

신중하게 말하지 않으면
그 말로 인해 피해를 보게 된다

나는 내 인생에서 네 가지 금언을 익혔다. 남을 해롭게 하는 말은 결코 하지 마라. 아무도 받아들이지 않는 충고는 하지 마라. 불평하지 마라. 설명하지 마라.

-R. F. 스콧

말을 할 때는 항상 주의하라. 살다 보면 말실수로 타인에게 씻을 수 없는 상처를 입히는 경우가 종종 있다. 그리고 당신도 타인의 말에 상처를 받을 때가 있다. 말은 신이 인간에게 준 선물이지만 그 말을 잘못 사용하면 저주로 바뀐다. 말을 할 때는 항상 깊이 생각하고 조심할 일이다.

말로 인해서 받은 상처는 때로 칼로 인한 상처보다 크고 깊을 수 있다. 칼로 인한 상처는 아물면 잊혀지지만 말로 인한 상처는 아주 오랫동안 사람의 마음속에 머물기 때문이다.

마음의 상처는 그 어떤 상처보다 깊고 크다.

'천 냥 빚도 한 마디 말로 갚는다'라는 말이 있다. 남을 배려하는 마음을 가지고 진심으로 얘기하면 상대도 그 말을 진심으로 받아들일 것이다.

094

삶의 용기를 버리지 마라

오늘 인내할 수 있는 사람은 내일 무엇이든 얻을 수 있다

고통을 겪어야 강하게 된다는 것이 얼마나 숭고한 일인가 알아야 한다. 인내할 수 있는 사람은 그가 바라는 것은 무엇이든 손에 넣을 수 있다.

—벤자민 프랭클린

인내심을 가져라. 당장에 이루어지지 않는다고 포기하면 당신은 그 일은 절대 이루어 낼 수 없다. 세상을 살다 보면 여러 가지 난관들이 있어 당신이 뜻한 대로 쉽게 이루어지지 않는다. 그러나 당신이 인내심을 가지고 그 어떤 일이라도 차근차근 해 나가면 언젠가는 원하는 것을 이룰 수 있다. 살다 보면 너무 힘들어 포기하고 싶은 일들이 많이 생긴다. 그러나 쉽게 포기하지 마라. 포기도 자주 하면 습관이 된다.

인내심을 가질 수 있는 사람은 자신이 바라는 것을 이룰 수 있다. 그러나 인내심이 없는 사람은 무엇을 원해도 이루기가 쉽지 않다. 세

상에는 간혹 우연도 있지만 대부분의 일들은 우연으로 이루어지지 않는다.

그러나 어떤 일을 계속해서 하다 보면 불가능하다고 여겨졌던 일들도 이루어질 수 있다. 그러기에 인내심이 필요하다. 불가능해 보이는 것도 인내심만 있으면 가능하게 될 수 있는 확률이 있다. 하물며 가능하게 생각되는 일은 조금만 인내심을 가지면 대부분 이룰 수 있는 일들이다.

095
자신의 삶을 난파시키지 마라
자신의 목적이 분명하면
길을 잃거나 난파되지 않는다

위대한 사람이라고 단번에 그와 같이 높은 곳에 뛰어 오른 것이 아니다. 많은 사람들이 단잠에 빠져 있을 때도 그들은 일어나서 괴로움을 이기고 일에 몰두했던 것이다. 인생은 자고 쉬는 데 있는 것이 아니라 한 걸음 한 걸음 걸어가는 그 속에 있다. 성공의 일순간은 실패했던 몇 년을 보상해준다.

-로버트 브라우닝

삶의 목표를 세워라. 당신의 삶의 목표가 바로 당신의 삶을 결정한다. 삶을 제대로 살려 한다면 미래를 생각하면서 목적을 가져야 한다. 당신이 살아가는 데 있어 확고한 목적을 가질 수 있어야만 성공할 수 있다.

당신이 설정한 목표에 도달하기 위해 당신의 열정을 불태우고 당신의 한계를 극복하라. 그리하여 자신을 점점 더 강화시켜 나가라.

삶을 살아가면서 자신이 목표하는 것을 확실히 아는 것은 진정 바람직한 일이다. 목표를 바탕으로 자신의 정신을 체계화시켜 나가면

당신이 원하는 삶의 길을 찾거나 스스로 만들어 나갈 수 있다.

삶을 살아가면서 가장 크게 요구되는 것은 좀 더 멀고 넓게 인생을 바라볼 수 있는 시각이다. 삶에 있어서 가장 큰 비극은 뚜렷한 목표나 궁극적인 목적, 삶의 순수한 동기가 결여된 삶을 사는 것이다.

목적이 상실된 인간은 인생이라는 바다 한 가운데 버려진 난파선과 같다. 삶을 살아가는 데 있어 인생을 멀리 바라보면서 확고한 목적을 세워야 한다.

096

일의 노예가 되지 마라

오늘 일을 즐기면
내일의 삶이 즐겁다

그림을 그리던지, 노래를 부르던지, 조각을 하던지 즐거움을 위하여 하라.
비록 굶주린다 하더라도 당신이 가장 사랑하는 일을 하라. 명예를 바라고
일하는 사람은 자주 그 목적을 잃는다. 돈을 위하여 일하는 사람은 자기
영혼과 돈을 바꾼다. 일을 위하여 일하라. 그러면 이것들은 당신을 따라올
것이다.

-K. 콕스

일을 즐기면서 할 수 있는 마음을 가져라. 일을 즐길 줄 아는 사람이야말
로 삶의 진정한 의미를 알 수 있다.

당신이 땀 흘리며 노동하는 것을 진정 기쁘게 여길 수 있는 마음을 가져
야 당신의 삶이 행복해진다. 그러면 당신이 지금 아무리 어려운 일을 하
고 있어도 행복한 마음을 가질 수 있다.

당신 앞에 놓인 일을 즐겁게 할 때 당신의 삶은 행복해질 수 있다.

지금 당신이 하고 있는 일이 단지 먹고 살기 위해 억지로 하고 있는 일이라면, 지옥은 다른 데 있는 것이 아니라 바로 지금 당신이 일하고 있는 곳이 지옥이다.

러시아의 혁명시인 고리키는 이런 말을 했다.

"일이 고통이라면 인생은 지옥이다."

땀 흘리며 노동하는 것을 진정 기쁘게 여길 수 있다면 그 사람은 아무리 어려운 일을 하고 있어도 행복할 수 있다. 거꾸로 그 사람이 아무리 편하고 돈을 많이 벌어도 자신의 노동을 기쁘게 생각할 수 없다면 그는 불행하다.

097

삶이라는 마라톤에서 중도에 포기하지 마라

최선을 다해 달릴 때
내일이라는 삶의 문을 열 수 있다

목표는 장기적이어야 한다. 단기적인 목표는 일시적인 장애물에 부딪혀도 쉽게 포기하게 된다. 그러나 장기적인 목표는 사소한 문제나 일시적인 장애물에 굴복하지 않고 그것을 극복하여 성취할 수 있다.

-지그 지글러

당신의 삶을 장기적인 안목에서 바라보라. 당신이 지금 남보다 뒤떨어져 있다고 실망하지 마라. 자신의 길을 꾸준히 걷다 보면 목표가 이루어진다는 것을 굳게 믿어라. 당신의 삶이 단거리가 아니라 마라톤이라는 사실을 인식하라.

삶을 육상에 비유하면 단거리가 아니라 마라톤이다. 한때 잘 나간다고 해서 인생의 전 부분이 그렇게 되지는 않는다. 비록 한 때는 고생을 하고 죽음을 생각할 정도로 고통스럽지만, 그 고비를 이기고 잘 되

는 사람들도 많이 있다.

삶이라는 장거리 레이스에서 중도에 포기하지 마라. 끊임없이 자기의 길을 가라. 힘이 들 때는 그 자리에 주저앉아 쉬어라. 눈물이 나온다면 통곡하라. 그리곤 넘어진 그 자리에서 다시 일어나라. 그 자리에서 포기하면 인생의 남은 부분도 포기하게 된다.

1등이 아니라도 괜찮다. 자신에게 주어진 생을 완주할 수 있도록 자기를 단련시키는 과정이 우리에게 주어진 삶이 아닐까?

098

기회를 놓치지 마라

고난과 시련을 회피하지 않으면 '기회' 라는 모습으로 변한다

미래를 두려워하고 실패를 두려워하는 사람은 그 활동을 제한 받아 손도 발도 움직일 수 없게 된다. 실패라는 것은 별로 두려워할 것은 아니다. 오히려 먼저보다 더 풍부한 지식으로 다시 일을 시작할 좋은 기회이다.

-J. 포드

당신에게 기회가 찾아온다면 그 기회를 꼭 살려야 한다. 그러나 당신에게 있어 기회라는 것은 처음부터 기회의 얼굴을 하고 찾아오지는 않는다. 하나의 위기로서 오던지 아니면, 하나의 부담으로서 다가온다. 그렇기에 많은 사람들이 기회가 찾아와도 놓쳐버리고 만다. 돌이켜보면 당신도 많은 기회를 잃어버렸다. 당신에게 기회가 왔지만 그것이 기회인지도 모른 채 그냥 흘려보냈고, 기회를 위기로만 인식하여 기회를 사장시켜 버린 적도 있다는 것을 시간이 지나 알게 된 적도 있다.

　자신에게 닥친 위기나 부담을 피하지 마라. 어쩌면 그 안에서 더 많은 기회들이 기다리고 있을지도 모르는 일이다.

　기회는 항상 자신의 주변에 있지만 발견하지 못할 뿐이다. 그렇기에 기회라는 것도 결국 자신이 만들어 나가는 것이다.

　지금 어려운 상황에 있다고 절망하지 마라. 이 세상에서 전혀 걱정거리가 없는 사람은 오직 죽은 자뿐이다. 깨달아라. 자신의 머리와 가슴에는 보물이 숨겨져 있다. 당신이 자신의 마음에 깊이 숨겨져 있는 그 곳을 파면 마음에서는 맑은 물이 솟아나고, 그 맑은 물과 함께 기회들도 같이 솟아날 것이다.

099
포기하지 마라

오늘 당당하게, 꾸준하게 나아갈 때 내일에는 희망이 있다

산다는 것은 죽음의 위험을 감수하는 일이며, 희망을 가진다는 것은 절망의 위험을 무릅쓰는 일이고, 도전한다는 것은 실패의 위험을 감수하는 일이다. 인생에서 가장 큰 위험은 아무것도 감수하지 않으려는 것이다.

-레오 버스카글리아

당당하게, 그리고 꾸준하게 세상을 향하여 나아가라. 세상의 진흙탕에서 뒹굴고 있을지라도 미래를 꿈꾸면서 걸어 나와라. 당장 힘이 부친다면 기어서라도 나와라. 그래도 힘들면 잠시 쉬었다가 다시 시도하라. 꾸준하게 그리고 당당하게 이 세상과 맞서다 보면 당신은 어느새 세상의 중심에 서 있게 된다. 당당하게 세상을 향해 나아가라.

각자가 짊어지고 가야 하는 삶의 무게는 누구도 피할 수 없다. 자신이 생각하기에 자신이 짊어진 삶의 무게가 불공평하다고 생각될 때도 있을 것이다. 그래도 그 삶의 무게는 자신에게 주어진 것이기에 꿋꿋하게 짊어지고 갈 수밖에 없다.

자신의 짐을 짊어지고 자신에게 주어진 상황을 적극적으로 개척해 나가려고 할 때, 자신의 삶의 무게를 극복할 수 있고, 또 그로 인하여 성공적인 삶을 살 수 있게 된다.

오늘 당신에게 주어진 삶의 무게를 되돌아보라. 그리고 그 삶의 무게를 짊어지고 갈 마음의 자세를 가다듬어라. 어떤 삶의 무거운 짐이라도 기꺼이 받아들이면서 이 세상을 살아가라.

그 짐은 당신에게 주어진 운명이기에, 피할 수 없는 당신의 운명이기에.

100

낙관적인 생각과 행동을 버리지 마라

낙관적인 생각과 행동이
성공과 행복을 가져다 준다

낙관이란 근본적으로 인생은 좋은 것이요, 결국 인생 속에 있는 선이 악을
정복한다는 믿음에 근거한 철학이다. 또 그것은 모든 어려움, 모든 고통 속
에 어떤 좋은 것이 포함되어 있다는 것을 전제로 한다. 그리고 낙관론자는
좋은 것을 찾는 사람을 의미한다. 진실로 신나게 인생을 산 사람들 중에서
마음속에 낙관이 없었던 사람은 단 한 사람도 없었다.

－노만 V. 필

성공이란 무엇일까? 보통의 사람들이 말하는 출세하는 것이나 부와 권력
을 획득하는 것으로 성공은 이루어진 것일까? 그러나 이것만이 전부는
아니다. 각자의 생각에 따라 다르겠지만 본질적으로 성공이라는 것은 자
신이 행복하게 살 수 있는 상태에 도달하는 것이다.

성공을 하여 행복한 사람은 대체로 밝고 긍정적인 성향을 가지고
있고 적극적인 태도를 지니고 있다. 그리고 선행을 많이 행하고, 긍정

적으로 생각하고, 적극적으로 활동한다.

　좋은 가치관과 적극적인 태도, 긍정적인 성격들이 조화를 이루어야 행복한 성공을 이룰 수 있다.

　결국 모든 것을 긍정적이고 생산적으로 생각하며 일을 즐기고, 그 일에 대하여 감사하는 마음을 지녀야 한다.

101

어영부영하지 마라

지금 최선을 다하지 않으면
후회로 점철된 삶을 살게 된다

자신의 인생을 위해 더 많은 것을 배우고, 더 많은 것을 느끼고, 더 깊이 생각하라. 이것은 자신의 인생을 튼튼히 다지는 거름이 된다. 이것을 토대로 생각하고 행동하는 진실한 인생, 발랄하게 살아 숨쉬는 신념에 찬 인생을 꿈꿔라. 이것이 바로 우리 모두가 소망하고 이루어지기를 원하는 인생의 참모습이다. 자신의 인생을 위해 최선을 다하라.

－캐서린 맨스필드

자신의 모든 일에 최선을 다하자. 최선을 다했을 때 후회가 남지 않는다. 후회를 한다는 것은 최선을 다하지 않았다는 것이다. 최선을 다하였다면 마음을 비우고 결과에 만족하라. 당신이 최선을 다하여 얻은 결과이므로. 나머지는 운을 탓해도 좋다.

지금 자신의 상황을 돌이켜 보라. 현재 상황에 만족하지 못한다면, 당신은 최선을 다하여 삶을 살지 않았다는 것을 말한다. 또 최선을 다했음에도 만족하지 못한다고 하여 그것으로 후회는 하지 마라. 아직 최선을 다한 결과가 나타나지 않았다고 생각하고, 결과를 기다리는 것이 좋다. 결과에 대한 집착은 마음을 조급하게 만들고, 하는 일도 제대로 되지 않게 만든다.

당신이 하고 있는 일에 최선을 다했어도 좋은 결과를 가져오지 않았다면, 시간을 가지고 자신의 힘을 길러야 한다. 알에서 부화한 어린 새들은 하늘로 비상하기 위해 많은 시간을 인내하며 작은 날갯짓을 계속 한다. 그리고 마침내 힘을 길러 둥지를 박차고 하늘로 솟아오르게 된다.

마찬가지로 사람들에게도 어떤 시기가 오면, 자신의 둥지를 박차고 하늘로 날아오를 수 있는 기회가 생긴다. 그때 긴 안목으로 꾸준히 힘을 기른 사람은 땅을 박차고 날아오르지만, 그렇지 못한 사람은 남이 날아오르는 것을 구경만 해야 한다.

102

실패를 숨기지 마라

실패도 원인을 분석하고 극복하면
성공의 밑거름이 된다

누구나 자기가 최고라고 생각한다. 그래서 많은 사람들이 이미 경험한 선배에게서 지혜를 얻지 않아 실패하며 눈이 떠질 때까지 헤매곤 한다. 이무슨 어리석은 짓인가. 뒤에 가는 사람은 먼저 간 사람의 경험을 이용하여, 같은 실패와 시간낭비를 되풀이하지 않고 그것을 넘어서 더 나아가야 한다. 선배들의 경험을 활용하라. 그것을 잘 활용하는 사람이 지혜로운 사람이다.

—괴테

'실패는 성공의 어머니' 라는 격언이 있다. 누구든지 삶을 살아가면서 아무런 실패 없이 목적을 달성하기는 어렵다. 단순히 실패했다는 것은 부끄러운 일도 아니고 숨길 일도 아니다.

실패의 문제는 같은 실패를 두 번, 세 번 반복할 때이다. 실패를 반복하게 되면 실패를 한 사람은 자신감을 잃게 되므로 진취적으로 도

전하기도 어렵고 또한 성공하기도 매우 어려워진다.

처음 실수했을 때 마음을 다잡아 남다른 각오로 실패의 원인을 분석하고 같은 실패를 반복하지 않기 위한 노력을 해야 자신의 목표를 달성할 수 있다.

그럼 실패한 사람이 또 다시 실패하는 이유는 무엇인가?

그것은 바로 실패의 원인을 제대로 파악하지 못했기 때문이다. 그리고 그 이면에는 실패를 숨기려는 마음이 있어 자신의 실패를 철저하게 분석하지 않았기 때문이다.

실패를 숨기려는 사람은 결국 다시 실패하기 마련이다. 그 실패를 거울 삼아서 재기하기보다는 그것을 은폐하려고 하다 보니 같은 실패를 반복하곤 하는 실수를 범하고 만다.

103

선택을 남에게 맡기지 마라

오늘 당신의 선택이
내일 당신의 삶을 만든다

> 무엇인가 새로운 것을 발견하는 재능은 대중과는 다른 길을 선택하는 사람
> 들만이 가지고 있다.
>
> —그라시안

운명의 주인은 자기 자신이다. 이 세상에서 그 누구도 자신의 삶을 대신 해서 살아주지 않는다. 삶의 주인공은 그 누가 뭐라고 해도 자신일 수밖에 없다.

남들과 비교하여 부족하고 뒤져 있다 해도, 자신의 삶의 주인공은 부족하고 뒤져 있는 자신이다. 비록 지금은 조역 같은 존재일지라도 자신의 삶에서는 자신이 주인공이다.

그렇기에 자신에게 주어진 삶은 자신이 원하는 대로, 자신의 뜻대 로 살아야 한다. 자신이 초라한 존재일지라도 또 자신이 어떤 일을 하

든 자기중심적으로 세상을 바라보아야 한다.

그런 후에 남을 보아야 한다. 처음부터 남을 먼저 생각하고 다른 사람 중심으로 살다 보면 자신의 존재를 잃어버리게 되고 주체적으로 살아갈 수 없게 된다.

세상을 살다 보면 당신에게 많은 요구와 책임, 그리고 세상의 조건들이 다가온다. 그러나 이를 다 수용해서는 견디지를 못한다. 자신에게 주어진 것들 중에서 자신이 원하는 것을 선택해야 한다.

선택은 아주 중요한 의미를 가진다. 어떤 선택 하나로 인생은 많은 길을 열어놓는다. 때문에 선택은 신중하게 하고 선택한 후에는 후회하지 말고 자기의 뜻대로 살아가야 한다.

자신의 미래를 위해 당당하게 이 세상과 부딪혀라. 그리고 그 누가 뭐라 해도 세상을 자신의 뜻대로 살아라.

104

도구의 노예가 되지 마라

삶의 도구들을 제대로 사용할 때 내일의 삶은 풍요롭다

금전욕은 모든 악의 근원으로 여겨지고 있다. 그러나 돈이 없는 것도 이 점에서는 똑같다.

-버틀러

삶의 즐거움이 꼭 돈에 있는 것만은 아니다. 그렇다고 해서 돈이 필요 없다는 것은 아니다. 돈은 우리의 삶을 풍요롭게 해주는 좋은 도구일 뿐이다.

돈이 있다고 해서 그 돈으로 행복을 살 수는 없다. 돈은 행복을 살 수 있는 것이 아니라 행복을 이루기 위한 도구인 것이다.

어떻게 사용하느냐에 따라 불행해질 수도 있고, 행복해질 수도 있는 것이다. 어떤 도구든 당신이 어떻게 이용하느냐에 따라 당신에게 이익이 될 수도 있고 해가 될 수도 있다.

칼도 요리사가 들면 맛있는 요리를 만드는 도구이지만 강도가 들면 남을 해치는 흉기가 된다. 돈도 자신이 어떤 마음으로 사용하느냐에 따라 행복을 가져다 줄 수도 있고, 또한 불행도 가져다 줄 수도 있다.

105

정보를 무조건 믿는 어리석은 사람이 되지 마라

정확하고 합리적으로 판단할 때
가치 있는 정보의 주인이 될 수 있다

손에 돈이 가득하고 머리에 정보가 가득 들어 있다 해도 마음이 비어 있으면 공허한 인생을 살고 있는 것이다.

—마이크 머독

"과거에 쌀이 모자랐던 때가 있었다. 그래서 정부에서는 쌀 가격의 안정을 위하여 혼식과 분식을 권장했는데, 과학적으로 쌀이 보리나 밀보다 칼로리가 높음에도 불구하고, '보리가 쌀보다 영양이 많다', '밀가루를 많이 먹으면 아이들 성장에 좋다'는 등으로 사람들을 호도했던 경우도 있었다. 또 쇠고기 값이 폭등하니까 돼지고기가 몸에 더 좋다고 홍보하며 쇠고기 먹는 사람을 멍청한 사람으로 몰아가던 시절도 있었다. 화학적으로 돼지고기가 쇠고기보다 영양이 많지만 사람이 소화흡수하는 것은 쇠고기가 더 좋다."

조직적으로 홍보하고 권위가 있는 사람들에 의하여 유통되는 왜곡된 정보는 곧 사람들에게 사실처럼 받아들여지게 된다.

위에 있는 이야기처럼 만약 누군가가 정보를 왜곡해서 유통시킬 때 혼자 수집하고, 혼자 알고 있고, 혼자 판단하다 보면 그것이 제대로 된 정보인지 왜곡된 정보인지를 체크하는 일이 어려워진다.

사업에서도 마찬가지다. 비즈니스에 종사하는 많은 사람들은 자신에게 이익이 되지 않으면 다른 사람에게 정확한 정보를 주지 않는다.

단편적인 정보, 거짓정보 등을 전할 가능성이 높은 것이다. 이런 피해를 벗어나는 것은 정보를 조직적으로 모으고 다른 사람과 공유하는 것이다.

지금의 시대는 정보를 수집하는 것도 중요하지만 더욱 중요한 것은 그 정보를 정확하고 합리적으로 판단하는 것이다.

106

서두르지 마라

오늘 조급함으로 서두르면
내일 낭패를 보게 된다

꾸준히 참는 사람에게는 반드시 성공이라는 보수가 주어진다. 잠겨진 문을
한번 두드려서 열리지 않는다고 돌아서서는 안 된다. 오랜 시간 동안 큰
소리로 문을 두드려 보아라. 누군가 단잠에서 깨어나 문을 열어 줄 것이다.

―롱펠로우

조급함으로 결과를 빨리 얻고자 하는 것은, 결국 모래 위에 누각을 세우
는 것과 같아 당장은 완성된 듯하나 그 기초가 연약해 금방이라도 무너질
수 있다. 사상누각이 되지 않으려면 인내와 여유를 가지고, 설계에서부터
완성까지 기초를 튼튼히 하고 정성으로 벽돌을 한 장 한 장 쌓아 올려야
한다.

인내심은 지혜를 얻을 수 있는 좋은 방법이며, 성공으로 가는 길을
안내해주는 인도자이기도 하다. 그렇기에 세상을 살아감에 있어 인내

와 용기를 가져야 한다.

인내와 용기는 자신의 힘으로 발전과 성공을 가져오는 길이다. 어떤 일을 함에 있어서 실망하고 좌절하여 그 일을 그만 둔다면 결국 자신이 원하던 것을 얻을 수 없다.

결국 인내란 바로 당신의 용기가 아닐까? 당신의 주변환경이 아주 열악하여 당신을 괴롭히고 포기하도록 유혹해도 포기를 안 하는 것은 당신의 용기다. 그리고 용기란 실천함으로써 진정한 용기가 된다. 인내한다는 것은 바로 용기의 실천이다.

107

자신의 삶을 얕은 물웅덩이로 만들지 마라

오늘 자신의 삶을 가꿀 수 있는 사람이 내일 바다와 같은 삶을 산다

아무리 격언, 명언을 많이 알고 있어도, 아무리 좋은 자질을 갖추고 있어도, 기회가 올 때 구체적으로 행동하지 않으면 인격은 조금도 향상되지 않는다. 아무리 좋은 의도라도 가지고 있기만 하면, 인생은 그야말로 지옥에 관한 한 폭의 그림에 불과할 것이다.

－윌리엄 제임스

깊은 강은 바다로 흘러가는 법이고, 깊은 강은 돌을 집어 던져도 흐려지지 않는다. 사람들의 삶들도 이 강물과 같아 타인에게 모욕을 받고서 금방 화를 내는 사람은 깊은 강물이 아니라 얕은 물웅덩이의 인격을 지닌 사람이다.

세상을 살다 보면 여러 유형의 사람들을 볼 수 있다. 얕은 물웅덩이의 인품을 가진 사람은 어떤 자극을 받았을 때, 금세 화를 내고 자신이 상처를 받지만 깊은 강의 인품을 지닌 사람은 모욕을 당하고 조롱

을 당한다 해도 자기의 본성을 흐트러뜨리지 않고 바다를 향해 꾸준하게 흘러간다. 때로는 격류가 되어 빠르게 흐르다가도 곧 제자리를 찾아 묵묵히 바다로 흐른다.

　이런 깊은 강의 인품을 지니기 위해서는 먼저 자부심을 가져야 한다. 다른 사람들이 비난하고 흉본다 할지라도, 자신이 가지고 있는 목표가 자신에게 정당하다면, 그리고 자신이 세상을 살면서 꼭 이루어야 할 일이라면, 그 목표를 향하여 묵묵히 전진할 수 있는 태도가 무엇보다 중요하다.

108

경솔하게 정보를 믿지 마라

조작된 정보를 판단하지 못하면 심각한 피해를 입을 수 있다

어설픈 지식이 있는 자에게 일을 도모하게 해서는 안 된다. 결국 실패한다.

　　　　　　　　　　　　　　　　　　　　　　　　　　　－한비자

과거에는 소수계층만이 고급정보를 접할 수 있었으나 정보의 바다로 불리는 인터넷 시대가 열리면서 컴퓨터를 다루는 사람은 누구나 지구촌의 모든 정보를 실시간으로 접할 수 있게 되었다.

　지금 세계는 정보가 흘러넘치고 있는 세상이다. 정보가 부를 축적하는 중요한 수단이 되었지만 또한 그 이면에는 잘못된 정보로 인하여, 또는 조작된 정보로 인하여 많은 사람들이 큰 피해를 보는 경우도 있다.

　정보를 수집할 때 어떤 사람들은 정보를 혼자 모으고 혼자만 알려고 하는 사람들이 있다. 그러나 그런 방법이 꼭 좋은 것만은 아니라는

것을 지적하고 싶다.

지금의 사회는 정보의 범람 사회이다. 자신이 모으는 정보 중에서 좋은 정보도 있지만 그렇지 않은 정보도 많음을 인식해야 한다.

왜곡되고 해를 끼칠 수 있는 정보도 많은 세상에서 혼자 수집하고, 혼자 알고 있고, 혼자 판단하다 보면 잘못된 정보로 인하여 큰 피해를 볼 수 있는 가능성이 있다는 것을 스스로 인식해야 한다.

109

더 이상 과거에 집착하지 마라

과거에 대한 집착은
자신의 삶만 피폐하게 만든다.

실패하는 사람들은 과거에 집착한다. 실패자는 흔히 과거에는 잘 나갔다느

니 하면서 현실로 돌아오지 못하고 과거에서 머무르는 경우가 많다.

-노만 V. 필

정신의학에서 말하는 파라노이아 증상은 직장에서 일도 잘하고 처신도

무리없이 하는데, 어느 특정한 일에 대해서만은 이상한 집착을 보이는 경

우를 말한다. 집념이 지나쳐서 현실을 왜곡해서 보고 그 부분만은 망상적

판단을 하게 되는 것이다.

예를 들면 의처증도 파라노이아 환자군에 속한다고 할 수 있는데, 이런

사람은 머리가 좋고 기억력도 뛰어나며 다른 일은 별 실수 없이 잘 하는

데 오직 한 가지 일 즉, 아내의 정조를 의심하는 반복적 강박심리에 사로

잡히게 되는 현상을 말한다. 이 경우 부인이 무심코 미소를 지으면 그 웃

음이 반드시 어떤 의미가 있을 것이라 오인하며 그때 우연히 같이 있던

다른 남성과의 관계를 의심하게 된다. 이 경우에는 아내의 일거수일투족에 대한 현상을 있는 그대로 보는 것이 아니라 왜곡해서 해석한다.

이런 파라노이아 환자의 경우 자신이 지독한 선입견이나 편견 때문에 경험하는 사물을 자신도 모르게 왜곡해서 인식하게 된다. 따라서 검은 것을 붉다고 믿게 되며 이를 열렬히 주장하게 되는 것이다. 특히 살인사건 등 큰 사건의 재판에 등장하는 증인들의 경우 이런 파라노이아 증상의 유무를 사전에 가려내어 증인으로서의 적합성을 판단해야 한다. 파라노이아 증상은 대개 어렸을 때 애정을 못 받았거나 지독한 열등의식에 사로잡힌 적이 있거나 지나친 고독감과 소외의식을 갖고 자라난 경우 흔히 볼 수 있다.

삶을 제대로 살려 한다면, 파라노이아의 늪에서 빠져 나와야 한다. 스스로 자신을 그 늪에 방치하고 괴로워하면서 시간을 허비하는 사람들을 종종 볼 수 있다. 참으로 안타까운 일이다. 집착은 신념과는 달리 거기에 매달리면 매달릴수록 더 고통스럽고 괴롭게 한다.

자기 자신이 정말로 하고 싶은 것, 자기 자신이 정말로 해야 되는 것, 그것을 찾아내 자기 인생을 더욱 풍요롭게 하고 빛나게 해야 한다. 삶의 찬란한 비상의 날개를 펴려면 이제 집착의 늪에서는 벗어나자.

110

후회하는 사람이 되지 마라

후회가 아닌 반성이
삶의 전기를 마련할 수 있다

벌써 될 대로 되어 버렸다. 즉, 돌이킬 수 없는 불행한 사고 후에 이렇게 되지 않고도 끝날 수 있었다느니, 조금만 주의했더라면 방책이 있었을 거라느니 등등의 생각에 몸과 마음을 태워서는 안 된다. 이와 같은 생각이야말로 참을 수 없을 정도로 고통을 크게 할 뿐이다. 그 결과는 비관 속에 파묻히는 것으로 끝나고 만다. 그러므로 이미 바꿀 수 없는 과거의 불행한 사고는 빨리 잊도록 하라. 오히려 그것을 디딤돌로 하여 더 멀리 뛰어라.

-A. 쇼펜하우어

지금이라도 이렇게 생각하라.

"만약 그때, 그런 일이 없었더라면……."

▷ 그래, 지금이라도 그런 일이 일어나지 않도록 예방하겠다."

"만약 그때, 그런 일을 하지 않았더라면……."

▷ 그래, 지금이라도 그런 어리석은 일은 하지 않겠다."

"만약 그때, 좀 더 공부했더라면……."

⇨ 그래, 그 때 하지 못한 공부를 지금이라도 열심히 하겠다."

"만약 그때, 확실하게 매듭을 지었더라면……."

⇨ 그래, 다시 그런 일이 벌어진다면 확실히 매듭을 짓겠다."

　과거를 후회하기보다는 잘못을 반성함으로써 교훈으로 삼는 것이 살아감에 있어 훨씬 유익한 방법이다.

　위에 예를 든 것처럼 자신의 생각을 바꾸는 것이 자신을 위해 유익할 뿐더러, 앞으로 살아가는 미래의 삶에도 도움을 준다.

　후회한다고 해서 해결되는 일이 있는가? 후회는 다른 후회만을 가져올 뿐이고 그런 사고의 반복은 자기의 삶을 점점 더 과거라는 미궁 속으로 빠지게 한다.

　과거에 있었던 자신의 나쁜 일을 아무리 후회한다고 해도 그 일이 되돌려지지는 않는다. 후회라는 것이 나쁜 것은 아니다. 단지 후회 자체에 머무르는 것이 나쁜 것이다. 후회를 조금 발전시켜 과거의 잘못이나 문제를 반성할 수 있다면 삶은 또 다른 전기를 마련하는 것이 아닐까?

111
부정의 늪에 빠지지 마라

긍정은 더하고, 부정은 덜 수 있다면
내일의 삶은 원하는 대로 변한다

낙관주의자는 장미에서 가시가 아니라 꽃을 보고, 비관주의자는 꽃은 보지
않고 가시만 본다.

－칼릴 지브란

성격의 긍정적인 면은 더욱 발전시켜야 한다. 그리고 성격의 부정적인 면
은 조금씩 지워야 한다. 당신의 성격을 이렇게 할 수 있다면 삶은 한층
풍요로워지고, 결국 자신이 목적하는 바를 이루게 될 것이다.

사람은 마음속에서 생각하는 대로 자신의 모습을 만들어 갈 수 있
다. 자신의 마음에 있는 생각들을 실천해 나간다면, 자신의 생각대로
자신을 만들어 나갈 수 있다.

많은 사람들이 자신이 잘못된 것을 세상의 탓으로 돌린다. 하지만
그것은 세상의 탓만은 아니다. 자신이 어떻게 생각하고 있는가와 그

생각을 실천하는 데서 자신의 모습이 만들어진다.

　세상을 살다 보면 분명히 환경이 자신에게 영향을 미친다. 그러나 그 영향이 전적으로 자신을 만들지는 않는다. 세상의 환경이 사람의 성격을 만든다면 세상의 모든 사람들의 모습이 비슷하겠지만, 그러나 세상 사람들은 비슷하지 않다. 다 나름대로 독창적인 성격을 가지고 있다. 이 독창성이 바로 자신의 모습이다.

　자신이 마음속으로 계속해서 생각하는 것은 의식의 내면에 잠재의식으로 저장된다. 그리고 그 잠재의식은 어떤 암시를 받으면 행동으로 나타나게 된다. 잠재의식 속의 긍정적인 힘을 사용할 수 있게 되면 당신의 삶은 자신이 원하는 모습으로 변화를 시작한다.

　성격의 긍정적인 면을 더욱 발전시키면 삶은 한층 더 풍요로워지고 당신의 목적하는 바를 이룰 수 있게 된다.

112

다른 사람들에게 배척당하지 마라

독단적으로 일하면
다른 사람들에게 배척당하게 된다

땅이 더러운 곳에는 초목이 무성해지고, 물이 너무 맑으면 고기가 없느니
라. 그러므로 군자는 때 묻고 더러운 것이더라도 받아들이는 아량을 가져
야 하고 깨끗한 것만 즐기며 혼자서만 행하려는 절조는 갖지 말아야 한다.

－채근담

어떤 일이건 그 일의 좋은 결과는 혼자만의 노력에 있는 것이 아니라, 그
일을 했던 팀원들 간의 조화에 있다. 어떤 일이건 혼자 작업하는 것이 아
니라면 팀원과 의사소통이 잘 이루어져야 하고, 이렇게 일을 해 나가려면
독단적인 사고와 독단적인 방법으로 일을 추진하지 말아야 한다.

내 자유이기에 지켜야 할 기본을 무시하고, 내 이익에 따라 지켜야
할 규율도 무시하는 사람이 당장에 어떤 이득을 볼 것 같지만 그리 오
래 되지 않아 다른 사람들에게 배척당할 뿐만 아니라 팀원들 간의 불

화로 인하여 좋은 결과를 가져올 수 없다.

또한 그런 사람은 어떤 일을 추진함에 있어서 다른 사람의 협력도 구하기 어려워진다. 결국 이런 성향을 가진 사람은 당장에는 소소한 이익을 볼 수 있지만 길게 보면 실패할 수밖에 없다.

다른 사람과 일을 할 때 무엇보다도 중요한 것은 그 일에 따르는 기본과 규율을 지키는 것이다. 그렇다고 해서 융통성 없이 원리원칙에 매달리라는 이야기는 아니다. 그 일에 따르는 최소한의 기본과 규율을 서로 지켜야 한다는 말이다.

창의력을 발휘하는 것도 이런 바탕에서 이루어지는 것이다. 기본과 규율을 지킨다는 것이 쉬운 일인 것 같지만 일을 하다 보면 참으로 어려운 일이다.

113

부정적인 생각을 버려라

부정적인 생각들이
내일의 삶을 망치게 한다

희망은 있으나 실제로는 아무것에도 손을 대지 못하는 사람이 있다. 그 일

을 달성하기까지의 고난이나 난관에 미리 겁을 먹기 때문이다. 그럴 때는

자기 자신에게 이렇게 물어보라.

"왜 실현가능한 긍정적인 면은 생각지 않고 어려운 점만 생각하는가?"

부정적인 면보다도 긍정적인 면을 먼저 생각하고 고려하자. 그리하여 희망

하는 일들을 하나하나 성취해 나가자.

–노만 V. 필

당신이 자기 자신의 잠재력을 깨닫지 못하고, 세상의 일을 어렵게만 생각

하고, 부정적으로만 생각한다면 어떤 발전을 이룰 수가 있겠는가? 당신

이 자신을 인정하지 못하는데 다른 사람들이 당신을 어떻게 인정할 수 있

겠는가?

많은 사람들이 자신에게 장점이 있음에도 불구하고 부정적인 태도

를 갖는 것은 무엇 때문인가?

성공에 이르는 지점까지 시도를 하다가 멈추고 마는 것은 무엇 때문인가?

성취에 이르는 모험을 하지 않고 새 도전으로 인하여 다가오는 기회를 피해 버리면서 자신을 헐값에 파는 것은 무엇 때문인가?

사람의 발전에 있어 큰 방해가 되는 것 중의 하나는 다른 사람들에게 열등감을 가지는 것이다. 많은 사람들이 다른 사람들로부터 열등감을 느낀다. 그러나 자신의 장점은 보지 않고 약점에만 초점을 두는 사람은 발전할 수 없다.

열등감은 하나의 견해에 불과할 뿐, 사실이 아닌 경우가 많다. 즉, 현실에 기반을 두지 않고 제멋대로 생각하여 만들어 낸 경우가 많다.

열등감은 자신의 노력 여하에 따라 극복될 수 있다. 자신을 가치 없는 사람으로 보거나, 아니면 못난 사람으로 여기고, 무시해도 좋은 사람이라고 생각하는 태도는 극복되어야만 한다.

114

행복해져라

행복해지려고 노력하면
행복해진다

이미 흘러간 물로는 물레방아를 돌릴 수 없다. 과거에 어리석은 일을 했기로 그것 때문에 고민할 것은 없다. 그 고민으로 흘러간 물이 다시 오지는 않는다. 슬프던지 분하던지 과거는 과거로 묻어버리고 오늘은 오늘로써 생활해야 한다. 과거의 한 토막으로 새 날을 더럽혀서는 안 된다. 어찌 그 지나간 일로 해서 괴로워하고 슬퍼하는가. 물은 이미 흘러갔고, 흐르는 물을 쫓아갈 필요는 없다.

-프랭클린

행복에 대해 진지하게 생각해 보라. 대부분의 사람들은 행복해지기 위해 살고 있다. 사람들 중에 불행해지기를 바라는 사람은 없다.

　행복이란 무엇인가? 행복은 여러 가지 정의를 내릴 수 있지만 결국 자신의 마음 상태이다. 같은 상황에서도 어떤 사람은 불행을 느끼고, 어떤 사람은 행복을 느낀다. 이 말의 의미는, 행복은 결국 자신의 마음

이 만드는 마음의 상태라는 의미이다.

행복은 따로 있는 것이 아니라 바로 자신의 마음에 있다는 것을 인식할 수 있을 때, 우리는 행복을 향해 첫 발을 내딛을 수 있다.

자신의 행복에 대해 진지하게 생각해 보라. 그리고 당신이 행복해지는 길에 대해서도 진지하게 생각해보라. 행복을 위해서 지금 당신이 어떠한 노력을 하고 있는지에 대해서도 진지하게 질문을 던져보라.

세상의 그 어떤 일도, 세상의 아주 작은 일도 노력 없이 이루어지는 것은 없다. 세상의 일과 마찬가지로 행복이라는 것도 노력 없이는 결코 얻을 수 없다.